工业会计真账实训

（第三版）

亚洲职业教育研究院　编

立信会计出版社
LIXIN ACCOUNTING PUBLISHING HOUSE

图书在版编目(CIP)数据

工业会计真账实训 / 亚洲职业教育研究院编.
3 版. --上海：立信会计出版社，2025.3. -- ISBN
978-7-5429-7877-6

Ⅰ. F406.72

中国国家版本馆 CIP 数据核字第 2025NZ9739 号

策划编辑　　蔡伟莉
责任编辑　　孙　勇
美术编辑　　吴博闻

工业会计真账实训（第三版）

GONGYE KUAIJI ZHENZHANG SHIXUN

出版发行	立信会计出版社		
地　　址	上海市中山西路 2230 号	邮政编码	200235
电　　话	(021)64411389	传　　真	(021)64411325
网　　址	www.lixinaph.com	电子邮箱	lixinaph2019@126.com
网上书店	http://lixin.jd.com	http://lxkjcbs.tmall.com	
经　　销	各地新华书店		

印　　刷	常熟市人民印刷有限公司	
开　　本	787 毫米×1092 毫米	1/16
印　　张	10.75	
字　　数	166 千字	
版　　次	2025 年 3 月第 3 版	
印　　次	2025 年 3 月第 1 次	
书　　号	ISBN 978-7-5429-7877-6/F	
定　　价	45.00 元	

如有印订差错，请与本社联系调换

会计是一门商业的语言，如果说学好会计的理论知识是会表达这门商业的语言，那么会操作会计实务就是对这门商业的语言得心应手的应用。

会计实务是指会计进行账务处理的过程，一般包括填制凭证、登记账簿、编制报表、纳税申报的整个过程。根据《会计基础工作规范》和有关会计制度的规定，会计工作岗位一般分为：总会计师岗位，会计机构负责人岗位，出纳岗位，稽核岗位，资本、基金核算岗位，收入、支出、债权债务核算岗位，工资核算、成本费用核算、财务成果核算岗位，财产物资的收发、增减核算岗位，总账岗位，对外财务会计报告编制岗位，会计电算化岗位，会计档案岗位等。会计工作岗位可以一人一岗、一人多岗或一岗多人。在实际工作中，企业可根据自身的具体规模和管理要求，按需设置出纳、库管、会计、会计主管、财务经理等会计岗位。

本教材以工业企业的真账为实际案例，根据最新的财税政策编写而成。随着"互联网＋"的不断发展，各行各业会计处理智能化水平也越来越高，会计行业在发展，会计从业人员更需要与时俱进，为了其更好地适应智能化记账方式，本教材介绍了最新主流财务软件的使用方法，包括拍照上传原始凭证即可自动生成记账凭证等功能。一言以蔽之，教材中所有的设计和考虑只为会计从业人员能够更好地胜任工作岗位！

编　者

2025 年 3 月

contents 目录

第一章 实训概述

　　"工业会计"是以工业企业常见的经济业务为主线,通过建立账簿、审核和填制原始凭证与记账凭证、登记账簿、成本计算、财产清查、编制会计报表等一系列的会计工作,使学生熟悉中小企业各项经济业务流程和手工操作情况下会计核算工作的全过程,以及各个会计工作岗位的职责和工作内容,从而培养学生的职业道德、职业技能和职业素质的一门课程。

 智 慧 之 路

天下没有不劳而获的东西

　　从前,有个爱民如子、深谋远虑的国王,在他的英明领导下,人民丰衣足食,安居乐业。但他却担心自己死后,他的子民是不是也能过着幸福的生活。

　　于是他召集了国内的有识之士,命令他们寻找一个能确保人民生活幸福的永世法则。

　　学者们经过3个月的努力,把3本6寸厚的书呈给国王,说:"国王陛下,天下知识都汇集在这3本书内,只要人民读完它,就能确保他们的生活无忧了。"国王不以为然,因为他认为人民都不会花那么多时间看书。所以他再命令这些学者们继续钻研。2个月后,学者们把3本书简化成1本。国王对此还是不满意。又过了1个月后,学者们把一张纸呈给国王。国王看后非常满意,重重地奖赏了学者们。

　　你们好奇这张纸上写着什么吗? 其实,这张纸上只写了一句话:天下没有不劳而获的东西。

　　这个故事蕴含的哲理是:世上多数人都想快速发达,却不明白做什么事情都必须老老实实地通过努力才能有所成就。不要幻想中彩票,或者把时间花在赌桌上,这些一夜暴富的梦都是人们成功和努力的绊脚石。只要你能够彻底放弃投机取巧的心态,成功必定离你不远。换个角度来说,只要你还存有一点取巧、碰运气的心态,就很难全力以赴。记住:天下没有不劳而获的东西。想要什么样的生活就靠自己去奋斗,要想得到必须先付出。

第一节　会计真账实训概述

一、工业企业会计的含义

工业企业会计是以工业企业为会计主体的一种行业会计。工业企业是以生产与销售工业产品为盈利手段，实行独立核算，具有法人资格的经济组织。为了进行生产经营活动而从种种渠道筹集所需资金，是工业企业的一项重要业务活动，因此，筹资业务的核算是工业企业会计核算的重要内容；工业企业的筹资活动与投资活动，都是为产品生产与销售服务的，因此，生产经营业务的核算是工业企业会计核算的中心内容。

工业企业的经营活动包括供应、生产与销售三个过程。在供应过程中，工业企业购买生产产品所需的材料，支付采购费用，并与供应单位发生货款结算关系。在生产过程中，一方面，工业企业通过对材料进行加工，制造出社会所需要的产品；另一方面，为了生产这些产品，工业企业又要发生各种各样的费用。为了确定生产与销售产品的经营成果，工业企业要将生产过程中发生的各项费用按照产品的种类进行归集和分配，计算产品的生产（制造）成本。在销售过程中，工业企业按照销售合同的规定，出售产品并向客户收取货款，这些货款包括在生产过程中发生的生产成本、在销售过程中发生的销售费用和按照国家规定交纳的销售税金。将销售产品的生产成本、销售费用、销售税金与销售收入进行对比，可以确定工业企业经营期间的最终经营成果，即利润或亏损。工业企业实现的利润，首先要交纳所得税；其次要按照有关规定提取法定盈余公积和任意盈余公积；最后再对所有者进行分配。这些也是工业企业会计核算的重要内容。

二、工业企业会计的特征

工业企业会计与其他行业会计相比，具有以下几个特征：

（1）供应、生产、销售业务是其核算与监督的中心内容。工业企业的基本经济活动是生产工业产品，其生产过程是工业企业经营过程的中心环节。工业企业的生产经营过程依次经过供应过程、生产过程、销售过程，三者不断循环和周转，因此资金在工业企业也就以"货币资金—储备资金—生产资金—成品资金"的形式不断运动。由此可见，工业企业会计核算和监督的中心内容就是工业企业的供应、生产、销售业务。

（2）管理费用、财务费用、产品销售费用列为期间费用，不计入产品成本，直接计入当期损益。工业企业发生的费用，按照经济用途的不同，可分为应计入产品成本的费用和不计入产品成本的费用（即期间费用）。工业企业为组织和管理生产经营活动等所发生的管理费用和财务费用，以及在销售产品和提供劳务过程中所发生的销售费用等都列为期间费用，不计入成本，直接计入当期损益。

（3）存货既可以按实际成本计价，也可以按计划成本计价。工业企业为了正确组织存货核算，就必须对存货进行正确的计价。工业企业可以根据实际情况，对存货或按实际成本计价，或按计划成本计价。一般来说，规模较大、存货品种繁多、收付业务量较大的工业企业,可按计划成本计价。

三、会计真账实训的目的

本会计真账实训可以培养学生会计业务处理能力,使其能够比较系统地练习工业企业会计核算的基本程序和具体操作方法;加强学生对会计基本理论的理解、基本方法的运用和基本技能的训练,达到理论知识与会计实务的统一;培养学生严谨的工作态度和敬业精神;提高学生记账、算账、报账等实际操作的动手能力,为其毕业后走上工作岗位,缩短"适应期",胜任工作,打下扎实的基础。

本会计真账实训以某工业企业为背景,以典型业务为主线,设计了从建账到日常会计核算、计算产品成本、计算净利润、进行利润分配、编制会计报表全部过程的会计资料。学生通过本会计真账实训操作,不仅能掌握填制和审核原始凭证与记账凭证、登记账簿、成本计算、财产清查和编制会计报表的全部会计工作的技能和方法,而且能够亲手体验出纳员、财产物资核算员、工资核算员、资金核算员、往来结算员、成本费用核算员、财务成果核算员、总账报表员、稽核员、档案管理员、会计主管人员等会计工作岗位的具体工作,从而对工业企业会计核算的全过程有一个比较系统、完整的认识,最终达到对会计理论和方法融会贯通的目的。

四、会计真账实训的要求

(1) 在上实训课前,学生应提前阅读本书的基本内容,明确每个实训的目的、步骤及应完成的任务,并结合"基础会计"等课程认真进行预习。

(2) 在实训过程中,指导教师应向学生讲明如何具体执行《中华人民共和国会计法》《会计基础工作规范》《内部会计控制规范》《企业会计准则》《企业财务通则》、税务和金融等有关法规,学习各项费用的有关规定、范围及标准,加强学生的政策法制观念。

(3) 全部实训要求使用统一模拟会计凭证、账页及会计报表格式。

(4) 在实训结束后,所有原始凭证或原始凭证汇总表均作为记账凭证的附件;记账凭证按通用记账凭证顺序编号,折叠整齐,按照装订凭证的规定,加具封面,封面注明单位名称、年度、月份和起讫日期,并由装订人签名或盖章。应将各种账页按不同格式(或类别)装订成册,附上账簿启用登记表。全部会计报表也附上会计报表封面,注明单位名称、年度、月份,并签章。所有会计档案应妥善保管。

(5) 本实训操作应由学生本人独立完成,并写出一份总结实训体会的实训报告,以进一步熟悉、掌握有关制度,提高财经应用文写作能力。

五、会计真账实训的形式

本会计真账实训要求学生在实训中独立完成全部操作,系统、完整地认识企业会计核算的全过程,将会计理论、方法与实际操作相结合。

学生通过这种形式的实训,一方面可以全面掌握企业各个会计工作环节的技能和方法,包括填制和审核会计凭证、登记账簿、成本计算、财产清查和编制会计报表等的技能和方法;

另一方面可以全面熟悉各个会计岗位的具体工作,包括出纳、财产物资核算、工资核算、资金核算、往来结算、成本费用核算、财务成果核算、总账、报表、稽核、档案管理、会计主管等会计工作岗位的工作。

在实训时,指导教师可以将学生分成几个实训小组,每个小组指定一名实训组长,配合指导教师组织本组学生实训,如记录本组学生考勤、分发实训用品、保管本组共用实训用品等。

六、会计真账实训的用品准备

(1) 印章,主要包括模拟企业的公章、财务专用章、法人印章、发票专用章、参加实训学生的个人名章。

(2) 会计办公用品,主要包括计算器、算盘、双色印台、笔筒、记账专用笔(黑色签字笔、红色签字笔)、直尺、胶水、大头针、曲别针、剪子、裁纸刀、夹子、装订凭证的针和线、装订机等。

(3) 会计凭证,包括原始凭证和记账凭证。记账凭证应准备通用记账凭证、记账凭证封皮、增值税抵扣联封面等。

(4) 各种账簿,包括现金日记账、银行存款日记账、总账、三栏式明细账账页、多栏式明细账账页、数量金额式明细账账页、账簿封面、首页(或账簿启用登记表)、目录、账夹、账绳等。

(5) 会计报表,包括资产负债表、利润表等。

七、会计真账实训的考核

在实训结束后,指导教师可根据学生在实训过程中的表现和其全部实训成果进行考核评价。考核标准参考为:

(1) 实训操作中的独立性及实习态度、纪律性占20%。

(2) 经济业务账务处理的准确性占50%。

(3) 实训操作的规范性(即凭证、账页、报表中字迹清晰、工整,阿拉伯数字书写规范)占10%。

(4) 会计档案整理装订质量占15%。

(5) 实训报告质量占5%。

第二节　模拟企业概况

一、模拟企业的基本情况

浙江皇冠家具有限责任公司创建于2011年,其有关资料如下:

(1) 公司营业执照如图1-1所示。

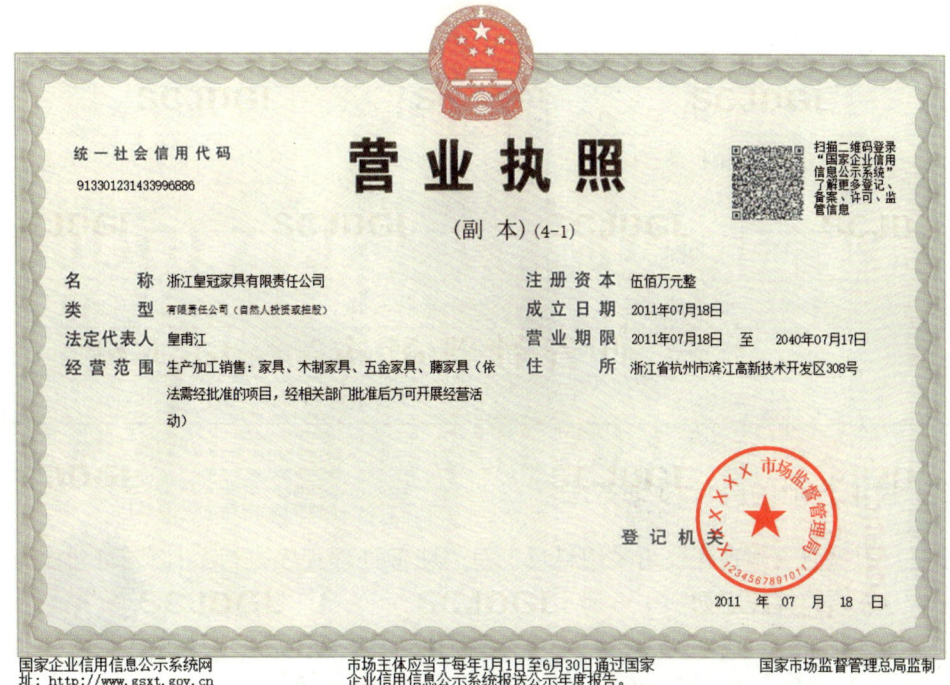

图 1-1　浙江皇冠家具有限责任公司营业执照

（2）公司职能部门及业务部门结构如图 1-2 所示。

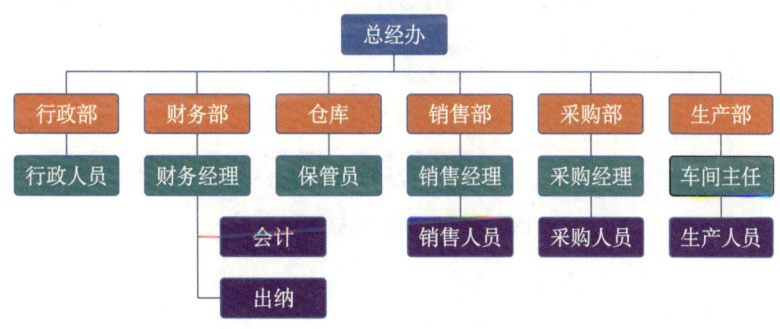

图 1-2　公司职能部门及业务部门结构

（3）公司主要人员如表 1-1 所示。

表 1-1　　　　　　　　　公司主要人员信息

序号	部门	职位	姓名
1	总经办	总经理	皇甫江
2	财务部	财务经理	戴永明
3	财务部	会计	段振华
4	财务部	出纳	何筱夜
5	行政部	行政人员	刘海

（续表）

序号	部门	职位	姓名
6	仓库	保管员	曾燕琼
7	销售部	销售经理	陈笑笑
8	销售部	销售人员	吴靓
9	采购部	采购经理	宁伟
10	采购部	采购人员	郝丽丽
11	生产部	车间主任	汤晓明
12	生产部	生产人员	……

二、模拟企业的会计核算方法

浙江皇冠家具有限责任公司采用科目汇总表账务处理程序进行会计核算（每个月汇总登记一次总账），核算程序如图1-3所示。

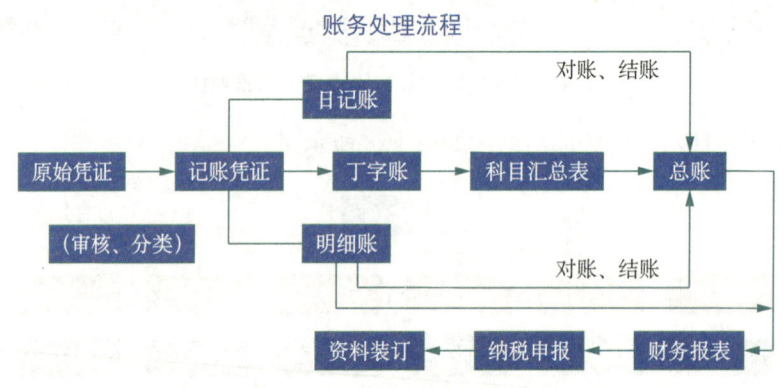

图1-3 公司会计核算程序

三、模拟企业的内部核算制度

浙江皇冠家具有限责任公司的内部核算制度如下：

（1）库存现金定额为35 000元，不得超额存放现金。

（2）实行集中核算，全部会计核算由财务部负责完成，各车间只提供成本计算的原始资料。

（3）存货计价采用实际成本法。存货发出时的计价采用月末一次加权平均法。

（4）产品成本根据公司生产类型特点及成本管理要求采用品种法计算。

（5）月末实木床、办公桌的在产品成本采用约当产量法计算，原材料在生产开始时一次投入，完工程度均为50%。

（6）公司为一般纳税人，所有产品适用的增值税税率均为13%，应交税费下设待认证进项税额、应交增值税、未交增值税等明细科目，应交增值税下设进项税额、销项税额、转出未交增值税、进项税额转出等明细科目。

（7）公司负担的城市维护建设税按流转税的 7% 计算交纳,教育费附加按流转税的 3% 计算交纳,地方教育费附加按流转税的 2% 计算交纳。

（8）固定资产采用平均年限法计提折旧。其中:房屋建筑折旧期限为 20 年,机械设备折旧年限为 10 年,汽车的折旧年限均为 4 年,电子设备的折旧年限为 3 年。所有固定资产的残值率均为 5%。

（9）无形资产以取得时并使之达到预定用途而发生的全部支出作为无形资产的成本。对无形资产采用直线法摊销,摊销年限为 10 年。

（10）个人所得税按照最新的七级超额累进税率表计算,见表 1-2 和表 1-3。

表 1-2　　　　　　　　　　个人所得税税率表

（按月换算后的综合所得税税率表）

级数	月应纳税所得额	税率	速算扣除数
1	不超过 3 000 元的部分	3%	0
2	超过 3 000 元至 12 000 元的部分	10%	210
3	超过 12 000 元至 25 000 元的部分	20%	1 410
4	超过 25 000 元至 35 000 元的部分	25%	2 660
5	超过 35 000 元至 55 000 元的部分	30%	4 410
6	超过 55 000 元至 80 000 元的部分	35%	7 160
7	超过 80 000 元的部分	45%	15 160

注:本表适用于非居民个人工资、薪金所得,劳务报酬所得,稿酬所得,特许权使用费所得。

表 1-3　　　　　　居民个人综合所得适用个人所得税税率表

级数	全年应纳税所得额	税率	速算扣除数
1	不超过 36 000 元的部分	3%	0
2	超过 36 000 元至 144 000 元的部分	10%	2 520
3	超过 144 000 元至 300 000 元的部分	20%	16 920
4	超过 300 000 元至 420 000 元的部分	25%	31 920
5	超过 420 000 元至 660 000 元的部分	30%	52 920
6	超过 660 000 元至 960 000 元的部分	35%	85 920
7	超过 960 000 元的部分	45%	181 920

注:本表所称全年应纳税所得额是指依照《中华人民共和国个人所得税法》第六条的规定,居民个人取得综合所得以每一纳税年度收入额减除费用 6 万元以及专项扣除、专项附加扣除和依法确定的其他扣除后的余额。

（11）企业所得税按月计提,按季预缴,全年汇算清缴,符合小型微利企业标准,税率为 20%。

（12）将费用分配到实木床和办公桌的成本中,均按其工时进行分配。其中:实木床的工时 3 000 小时,办公桌的工时 6 000 小时。

（13）员工个人承担的养老保险、医疗保险、失业保险的比率分别按社保缴费基数的

8%、2%和0.5%计算。

（14）公司承担并缴纳的养老保险、医疗保险、失业保险、工伤保险等社会保险费用分别按社保缴费基数的15%、8.5%、0.5%和0.5%计算，见表1-4。

表1-4　　　　　　　　　　　杭州市社会保险缴费标准　　　　　　　金额单位:元

社保基数	单位					个人			
	养老保险	医疗保险	失业保险	工伤保险	合计	养老保险	医疗保险	失业保险	合计
4 462	15%	8.50%	0.50%	0.50%		8%	2%	0.50%	
	669.3	379.27	22.31	22.31	1 093.19	356.96	89.24	22.31	468.51

（15）公司取得小规模纳税人委托税务局代开的增值税专用发票，可以凭增值税专用发票上的税额抵扣增值税。

（16）广告业和设计服务按照"现代服务业"中的"文化创意服务"，按照6%的税率计征增值税。

（17）年末按净利润10%提取法定盈余公积。

（18）净利润中分配给股东比例由当年股东大会决定。分配给股东的股利在各股东间按投资比例进行分配，皇甫江投资比例为50%，王峰投资比例为30%，刘斌投资比例为20%。

（19）计算中要求精确到小数点后2位，尾差按业务需要进行调整。

（20）各会计岗位操作规范按《会计基础工作规范》执行。

四、各账户期初余额

（一）总账及其明细账的期初余额

浙江皇冠家具有限责任公司2023年12月总账及其明细账的期初余额如表1-5所示。

表1-5　　　　　　　　　　　总账及其明细账账户期初余额

2023 年 12 月 01 日

单位:元

科目编码	科目名称	方向	期初余额	本年借方累计	本年贷方累计
1001	库存现金	借	12 025.00	125 673.88	155 768.77
1002	银行存款	借	1 771 743.07	96 559 994.75	96 436 384.88
100201	建设银行滨江支行	借	1 771 743.07	96 559 994.75	96 436 384.88
1121	应收票据	借	585 000.00	0	0
1121.000003	万方公司	借	585 000.00	0	0
1122	应收账款	借	580 000.00	5 130 000.00	5 740 000.00
1122.000001	温州万达商场有限公司	借	410 000.00	3 250 000.00	3 560 000.00
1122.000002	乐清伟东商场有限公司	借	170 000.00	1 880 000.00	2 180 000.00
1221	其他应收款	借	60 000.00	320 000.00	260 000.00

（续表）

科目编码	科目名称	方向	期初余额	本年借方累计	本年贷方累计
122101	皇甫江	借	60 000.00	320 000.00	260 000.00
1403	原材料	借	278 000.00	12 566 900.00	12 831 200.00
1405	库存商品	借	2 380 000.00	24 400 000.00	22 700 000.00
1601	固定资产	借	3 849 950.00	0	0
160101	房屋及建筑物	借	3 600 000.00	0	0
160102	机械生产设备	借	162 450.00	0	0
160103	电子设备	借	52 500.00	0	0
160104	运输工具	借	35 000.00	0	0
1602	累计折旧	贷	574 738.44	0	193 756.20
2001	短期借款	贷	490 000.00	480 000.00	970 000.00
2202	应付账款	贷	913 230.00	6 238 500.00	5 708 000.00
2202.000001	温州光明木材厂	贷	274 830.00	2 560 000.00	2 450 000.00
2202.000002	宁波北仑精益涂料厂	贷	608 400.00	3 678 500.00	3 258 000.00
2202.000003	临安森林木材厂	贷	30 000.00	0	0
2211	应付职工薪酬	贷	191 745.70	2 342 396.80	2 196 993.70
221101	应付职工工资	贷	158 950.00	2 012 850.00	1 887 450.00
221104	应付社会保险费	贷	32 795.70	329 546.80	309 543.70
2221	应交税费	贷	18 356.80	248 602.46	227 098.46
222102	未交增值税	贷	16 390.00	186 000.00	166 800.00
222115	应交所得税	贷	0	40 282.46	40 282.46
222117	应交城市维护建设税	贷	1 147.30	13 020.00	11 676.00
222122	教育费附加	贷	491.70	5 580.00	5 004.00
222126	地方教育附加	贷	327.80	3 720.00	3 336.00
2231	应付利息	贷	4 900.00	0	4 900.00
3001	实收资本	贷	4 900 000.00	0	0
300101	皇甫江	贷	2 450 000.00	0	0
300102	王峰	贷	1 470 000.00	0	0
300103	刘斌	贷	980 000.00	0	0
3101	盈余公积	贷	1 006 764.00	0	0
310101	法定盈余公积	贷	1 006 764.00	0	0
3103	本年利润	贷	1 011 656.88	29 342 963.12	30 354 620.00
3104	利润分配	贷	599 656.25	0	0
310406	未分配利润	贷	599 656.25	0	0

(续表)

科目编码	科目名称	方向	期初余额	本年借方累计	本年贷方累计
4001	生产成本	借	194 330.00	2 158 140.00	2 134 449.00
4101	制造费用	借	0	147 384.27	147 384.27
410101	折旧费	借	0	147 384.27	147 384.27
5001	主营业务收入	贷	0	30 256 800.00	30 256 800.00
500101	实木床	贷	0	13 411 000.00	13 411 000.00
500102	办公桌	贷	0	16 845 800.00	16 845 800.00
5301	营业外收入	贷	0	97 820.00	97 820.00
530110	违约金收益	贷	0	97 820.00	97 820.00
5401	主营业务成本	借	0	26 605 500.00	26 605 500.00
540101	实木床	借	0	11 781 196.00	11 781 196.00
540102	办公桌	借	0	14 824 304.00	14 824 304.00
5403	税金及附加	借	0	20 016.00	20 016.00
5601	销售费用	借	0	246 500.00	246 500.00
560101	销售人员职工薪酬	借	0	121 000.00	121 000.00
560103	运输费	借	0	87 500.00	87 500.00
560104	广告费	借	0	38 000.00	38 000.00
5602	管理费用	借	0	2 343 522.98	2 343 522.98
560201	管理人员职工薪酬	借	0	549 750.60	549 750.60
560202	办公费	借	0	23 345.98	23 345.98
560203	业务招待费	借	0	1 688 390.00	1 688 390.00
560205	差旅费	借	0	35 664.47	35 664.47
560207	固定资产折旧	借	0	46 371.93	46 371.93
5603	财务费用	借	0	52 141.68	52 141.68
560301	利息费用	借	0	14 700.00	14 700.00
560303	银行手续费	借	0	598.85	598.85
560304	现金折扣	借	0	36 842.83	36 842.83
5711	营业外支出	借	0	35 000.00	35 000.00
571103	捐赠支出	借	0	35 000.00	35 000.00
5801	所得税费用	借	0	40 282.46	40 282.46
合计				239 758 138.40	239 758 138.40

（二）明细账期初余额

浙江皇冠家具有限责任公司 2023 年 12 月明细账的期初余额如表 1-6 至表 1-9 所示。

表1-6 原材料明细账期初余额

2023 年 12 月 01 日   金额单位:元

科目编码	科目名称	存货	计量单位	方向	期初数量	期初余额	本年借方累计数量	本年借方累计	本年贷方累计数量	本年贷方累计
1403	原材料			借	1 400.00	278 000.00	57 710.00	12 566 900.00	59 480.00	12 831 200.00
1403.000001	原材料	木材	立方米	借	1 200.00	228 000.00	31 010.00	5 891 900.00	33 980.00	6 456 200.00
1403.000002	原材料	涂料	桶	借	200.00	50 000.00	26 700.00	6 675 000.00	25 500.00	6 375 000.00

表1-7 库存商品明细账期初余额

2023 年 12 月 01 日   金额单位:元

科目编码	科目名称	存货	计量单位	方向	期初数量	期初余额	本年借方累计数量	本年借方累计	本年贷方累计数量	本年贷方累计
1405	库存商品			借	1 760.00	2 380 000.00	16 300.00	24 400 000.00	15 000.00	22 700 000.00
1405.000003	库存商品	实木床	张	借	1 140.00	1 140 000.00	8 500.00	8 800 000.00	7 500.00	7 700 000.00
1405.000004	库存商品	办公桌	张	借	620.00	1 240 000.00	7 800.00	15 600 000.00	7 500.00	15 000 000.00

表1-8 生产成本明细账期初余额

2023 年 12 月 01 日   单位:元

科目编码	科目名称	方向	期初余额	本年借方累计	本年贷方累计
4001	生产成本	借	194 330.00	2 158 140.00	2 134 449.00
400101	实木床	借	88 600.00	984 486.00	990 551.00
40010101	直接材料	借	66 450.00	753 226.00	754 227.00
40010102	直接人工	借	13 290.00	154 370.00	156 799.00
40010103	制造费用	借	8 860.00	76 890.00	79 525.00
400102	办公桌	借	105 730.00	1 173 654.00	1 143 898.00
40010201	直接材料	借	79 297.50	887 453.00	867 335.00
40010202	直接人工	借	15 859.50	178 655.00	172 575.00
40010203	制造费用	借	10 573.00	107 546.00	103 988.00

表1-9 固定资产明细账期初余额

2023 年 12 月 01 日   金额单位:元

使用部门	编码	资产名称	购买期间	单位	数量	期限（月）	残值率	原值	期初累计折旧
生产车间	000001	电脑	202205	台	2	36	5%	9 000.00	4 275.00
	000002	切割机	202105	台	3	120	5%	27 500.00	6 531.30
	000003	喷漆机(空压机)	202105	台	3	120	5%	27 250.00	6 471.90
	000004	钻床	202105	台	1	120	5%	71 700.00	17 028.75
	000005	气动铆钉枪	202105	只	12	120	5%	36 000.00	8 550.00
	000006	厂房	202012	m²	100	240	5%	3 000 000.00	415 625.00

（续表）

使用部门	编码	资产名称	购买期间	单位	数量	期限（月）	残值率	原值	期初累计折旧
行政部	000007	电脑	202205	台	6	36	5%	27 000.00	12 825.00
	000008	打印机	202205	台	1	36	5%	3 100.00	1 472.58
	000009	空调	202205	台	4	36	5%	9 880.00	4 692.96
	000010	复印机	202205	台	1	36	5%	3 520.00	1 672.02
	000011	汽车	202205	辆	1	48	5%	35 000.00	12 468.78
	000012	办公房	202012	m²	200	240	5%	600 000.00	83 125.00
	合计							3 849 950.00	574 738.29

（三）本月产品投产及完工情况

浙江皇冠家具有限责任公司2023年12月产品投产及完工情况如表1-10所示。

表1-10　　　　　　　　　　本月产品投产及完工情况

2023 年 12 月

产品名称	单位	月初在产品数量	本月投入量	本月完工数量	月末在产品数量
实木床	张	90	640	200	530
办公桌	张	54	390	240	204

第二章 日常经济业务核算实训

本章介绍工业企业日常经济业务的核算,主要包括货币资金收付的核算、销售业务的核算、应收及预收账款的核算、存货的核算、应付及预付账款的核算、职工薪酬的核算、固定资产的核算、无形资产的核算、利润及利润分配的核算等经济业务。通过真账模拟,学生可以更好地适应相关的工作岗位。

智慧之路

为自己播种

有个突然失去双亲的孤儿,生活过得非常贫穷,今年唯一能让他熬过冬天的粮食,就只剩下父母生前留下的一小袋豆子了。

但是,此刻的他,却决定忍受饥饿。他将豆子收藏起来,饿着肚子开始四处捡拾破烂,这个寒冬他就要靠着微薄的收入度过了。

也许有人要问,他为什么要这么委屈或折磨自己,何不先用这些豆子充饥,熬过了冬天再说?

或许,聪明的人已经猜到了,原来在他小小的心灵里,充满着发了芽的翠绿豆苗。整个冬天,在孩子的心中,充满着播种豆苗的希望与梦想。

因此,即使这个冬天他过得再艰辛,甚至还饿昏了过去,他也不曾去触碰那袋豆子,只因为那是他的"希望种子"。

当春光温柔地照着大地,孤儿立即将那一袋豆子播种下去,经过夏天的辛勤劳动,到了秋天,他果然得到了丰富的收获。

然而,面对这次的丰收,他却一点也不满足,因为他还想要更多的收获,于是他把今年收获的豆子再次存留下来,以便来年继续播种、收获。

就这样,日复一日,年复一年,种了又收,收了又种。

终于,孤儿的房前屋后全都种满了豆子,他也告别了贫穷,成为当地最富有的农民。

这个故事蕴含的哲理是:在不断前进的人生中,凡是看得见未来的人,也一定能掌握现在,因为明天的方向他已经规划好了,知道自己的人生将走向何方。将"希望种子"留在心中,相信自己会有一个无可限量的未来,心存希望,任何艰难都不会成为我们的阻碍。只要怀抱希望,生命自然会充满激情与活力。

第一节 日常经济业务核算

【实训目的】

(1) 熟悉工业企业的业务流程。

(2) 依据原始凭证,分析各项经济业务引起会计要素的增减变动情况,编制相应的会计分录。

(3) 能够填制和审核有关原始凭证。

(4) 依据原始凭证或原始凭证汇总表填制记账凭证,并进行审核。

(5) 依据原始凭证或原始凭证汇总表和记账凭证登记日记账、明细账、备查簿等各种账簿。

(6) 依据记账凭证编制科目汇总表,依据科目汇总表登记总账。

(7) 学会对账与结账。

(8) 编制会计报表。

(9) 能够独立管理会计档案,学会装订凭证、账簿。

【实训任务】

(1) 编制会计分录。

(2) 填制和审核有关原始凭证。

(3) 填制和审核记账凭证。

(4) 登记日记账、明细账、备查簿、总账等账簿。

(5) 编制科目汇总表,并依据科目汇总表登记总账。

(6) 对账与结账。

(7) 编制资产负债表、利润表。

(8) 整理和装订凭证、账簿。

【实训内容】

浙江皇冠家具有限责任公司 2023 年 12 月份发生的经济业务如下:

(1) 1 日,签发现金支票一张,向银行提取现金 20 000 元备用(相关单据见原始凭证 1)。

(2) 1 日,收到转账支票一张,系温州万达商场有限公司偿还前欠货款 410 000 元,已办理进账手续(相关单据元原始凭证 2)。

(3) 1 日,公司办公室主任刘海出差到重庆,预借差旅费 8 000 元,以现金支付(相关单据见原始凭证 3)。

(4) 1 日,从银行取得 3 个月期限的周转借款 480 000 元,月利率为 0.5%,利息按月计提,每季度末支付一次(相关单据见原始凭证 4)。

(5) 2 日,购买文件夹,单价 208 元,以转账支付(相关单据见原始凭证 5-1 至原始凭证

5-3)。

（6）2日，从温州光明木材厂购买木材一批,已验收入库,收到的增值税专用发票注明单价200元,数量2 500立方米,合计金额500 000元,增值税额为65 000元。用网银支付货款（相关单据见原始凭证6-1至原始凭证6-4）。

（7）4日,向山西青云家具有限公司销售实木床300张,每张售价1 800元,价款共计540 000元,增值税额为70 200元;销售办公桌350张,每件售价2 700元,价款共计945 000元,增值税额为122 850元,款项已经全部收到（相关单据见原始凭证7-1至原始凭证7-3）。

（8）4日,从宁波北仑精益涂料厂购买涂料一批,已经验收入库,收到的增值税专用发票注明单价240元,数量2 000桶,合计金额480 000元,增值税额为62 400元,款项尚未支付（相关单据见原始凭证8-1至原始凭证8-3）。

（9）5日,行政部戴永明报销招待费520元,以现金支付（相关单据见原始凭证9-1至原始凭证9-2）。

（10）5日,销售部陈笑笑报销差旅费1 220元,以现金支付（相关单据见原始凭证10-1至原始凭证10-3）。

（11）5日,因排污水超标被罚款100 000元,款项以银行存款支付（相关单据见原始凭证11）。

（12）5日,购买荔枝干30袋,价款共计5 400元,作为职工福利费发给职工,荔枝干已全部发放（相关单据见原始凭证12-1至原始凭证12-3）。

（13）5日,销售部陈笑笑报销运输产品的车辆加油费3 300元,以现金支付（相关单据见原始凭证13-1至原始凭证13-2）。

（14）6日,与宁海市文海商场有限公司达成销售意向,并预收货款100 000元（相关单据见原始凭证14）。

（15）8日,行政部刘主任从重庆出差回来,报销差旅费6 508元,退回1 492元（相关单据见原始凭证15-1至原始凭证15-9）。

（16）8日,出售一台废旧钻床,价款6 500元已存入银行。该机床原始价值71 700元,已提折旧17 596.38元（包括处置当月折旧额）（相关单据见原始凭证16-1至原始凭证16-3）。

（17）9日,参加11月底举办的家具展览会,以银行存款支付展览费4 200元,市场部参展人员报销参展花销490元,以现金支付（相关单据见原始凭证17-1至原始凭证17-5）。

（18）10日,以银行存款缴纳上月应交增值税、城市维护建设税、教育费附加、地方教育附加、印花税（相关单据见原始凭证18-1至原始凭证18-2）。

（19）10日,以银行存款缴纳上月的社会保险费（相关单据见原始凭证19-1至原始凭证19-2）。

（20）11日,向乐清伟东商场有限公司销售实木床450张,每件售价2 000元,价款共计900 000元,增值税销项税额为117 000元。该项交易附有现金折扣条件:2/10、1/20、n/30（不考虑增值税）,货款暂欠（相关单据见原始凭证20-1至原始凭证20-3）。

（21）12日,山西青云家具有限公司收到本公司4日所销售的实木床后,发现实木床色泽有偏差,经协商,本公司同意在价格上给予8.88%的折让,并办妥了相关手续（相关单据见原始凭证 21-1 至原始凭证 21-3)。

（22）13 日，按合同将 200 张办公桌发给宁海市文海商场有限公司，每张售价 2 260 元，价款共计 452 000 元，增值税销项税额为 58 760 元。同时收到该商场支付的剩余款项 410 760 元（相关单据见原始凭证 22-1 至原始凭证 22-2)。

（23）13 日，从温州光明木材厂购买木材一批，已经验收入库，收到的增值税专用发票注明单价 200 元，数量 4 550 立方米，合计金额 910 000 元，增值税额为 118 300 元。上述款项已用银行存款付清（相关单据见原始凭证 23-1 至原始凭证 23-4)。

（24）15 日，向宁波汉通设备厂购入不需要安装的机床一台，买价和税金共计 356 923.08 元，全部款项已用银行存款支付；运输费共计 4 120.20 元（含税）（相关单据见原始凭证 24-1 至原始凭证 24-6)。

（25）15 日，发放 11 月份工资（相关单据见原始凭证 25-1 至原始凭证 25-2)。

（26）15 日，缴纳 11 月代扣的个人所得税 123.76 元（相关单据见原始凭证 26)。

（27）15 日，行政部门报销汽车修理费 470 元（相关单据见原始凭证 27-1 至原始凭证 27-3)。

（28）15 日，委托宜家家居有限公司加工 200 张实木地板，支付加工费，收到的增值税专用发票注明加工费 100 000 元，增值税额为 13 000 元，并向运输公司支付运输费 2 180 元，收到的增值税专用发票注明运输费 2 000 元，增值税额为 180 元。皇冠家具在收回之后用于直接对外销售，以上加工费、运费、税费均以银行存款支付（相关单据见原始凭证 28-1 至原始凭证 28-6)。

（29）15 日，将万方公司 2023 年 11 月 1 日开出的 2024 年 2 月 1 日到期、面值为 585 000 元的商业汇票到银行办理贴现，银行年贴现率为 7.5%，取得贴现金额（相关单据见原始凭证 29)。

（30）16 日，向台州天顶装饰有限公司销售书柜 200 张，价款合计 970 000 元，税款 126 100 元，款项已收到并存入银行（相关单据见原始凭证 30-1 至原始凭证 30-3)。

（31）16 日，向杭州龙翔物流有限公司支付本月销售产品运输费 10 900 元（含税）（相关单据见原始凭证 31-1 至原始凭证 31-3)。

（32）16 日，向浙江宝莱知识产权有限公司购买生产专利，用银行存款支付 143 100 元（相关单据见原始凭证 32-1 至原始凭证 32-3)。

（33）19 日，归还 9 月 19 日借入的短期借款 490 000 元，划付利息 7 350 元，前 2 个月利息已计提（相关单据见原始凭证 33-1 至原始凭证 33-2)。

（34）21 日，向个体工商户张三五金经营部购买五金配件和胶粘剂，支付价款 50 000 元，其中五金配件 40 000 元，胶粘剂 10 000 元，取得杭州税务局代开的增值税专用发票，注明的税额为 1 500 元，款项已支付（相关单据见原始凭证 34-1 至原始凭证 34-4)。

（35）23 日，销售五金配件和胶粘剂，取得销售收入，价款共计 12 000 元，增值税额为 1 560 元，收到款项和增值税已存入银行（相关单据见原始凭证 35-1 至原始凭证 35-3)。

（36）23 日，向宁波北仑精益涂料厂购买涂料一批，收到的增值税发票注明单价 260 元，数量 3 800 桶，合计金额 988 000 元，增值税进项税额 128 440 元，款项已经支付部分，但涂料尚未运抵企业（相关单据见原始凭证 36-1 至原始凭证 36-3)。

（37）25 日，向杭州海天广告有限公司支付广告费 40 280 元（相关单据见原始凭证 37-1

至原始凭证37-3)。

(38) 25 日,收到乐清伟东商场有限公司 11 日购买实木床支付的货款(相关单据见原始凭证 38)。

(39) 26 日,向宁波北仑精益涂料厂购买的涂料已经验收入库(相关单据见原始凭证 39)。

(40) 28 日,开出现金支票提取备用金 10 000 元(相关单据见原始凭证 40)。

(41) 28 日,收到乐清伟东商场有限公司前欠货款 170 000 元(相关单据见原始凭证 41)。

(42) 28 日,本公司用银行存款偿还前欠宁波北仑精益涂料厂的款项 608 400 元(相关单据见原始凭证 42)。

(43) 29 日,接到银行利息回单,本月银行存款利息收入 4 890 元,已转入存款账户(相关单据见原始凭证 43)。

(44) 30 日,银行转来自来水公司委托收款通知单,价税合计 16 023 元。企业共耗水 4 900 吨,单价 3 元,其中管理部门耗水 490 吨,生产车间耗水 4 410 吨(相关单据见原始凭证 44-1 至原始凭证 44-4)。

(45) 30 日,银行转来供电公司委托收款通知单,价税合计 36 340.8 元,企业共耗电 67 000 度,单价 0.48 元,其中车间耗电 58 000 度,管理部门耗电 9 000 度(相关单据见原始凭证 45-1 至原始凭证 45-4)。

(46) 31 日,预提本月短期借款利息(相关单据见原始凭证 46)。

(47) 31 日,摊销无形资产(相关单据见原始凭证 47)。

(48) 31 日,计提固定资产折旧(相关单据见原始凭证 48)。

(49) 31 日,计提 12 月份工资及社保费用(相关单据见原始凭证 49)。

(50) 31 日,根据仓库报来的材料收发库存汇总表,计算相关成本(相关单据见原始凭证 50-1 至原始凭证 50-5)。

(51) 31 日,结转委托加工收回的书柜成本(相关单据见原始凭证 51)。

(52) 31 日,结转分配制造费用,按实木床、办公桌的生产工时进行分配(相关单据见原始凭证 52)。

(53) 31 日,结转本月完工产品成本,其中实木床有 200 张完工入库,办公桌有 240 张完工入库(相关单据见原始凭证 53-1 至原始凭证 53-3)。

(54) 31 日,计算并结转本月销售成本(相关单据见原始凭证 54-1 至原始凭证 54-3)。

(55) 31 日,盘点仓库时发现木材少了 61.5 立方米(相关单据见原始凭证 55-1 至原始凭证 55-2)。

(56) 经查,31 日盘亏的木材是职工曾燕琼保管不利造成的,由其赔偿损失 2 300 元,其余转为营业外支出(相关单据见原始凭证 56)。

(57) 31 日,计算并结转本月应交增值税(相关单据见原始凭证 57)。

(58) 31 日,计提城市维护建设税、教育费附加及地方教育附加(相关单据见原始凭证 58)。

(59) 31 日,计算并结转本期损益类账户(无原始凭证)。

(60) 31 日,计算并结转本季度应交所得税费用(相关单据见原始凭证59)。

(61) 31 日,将"本年利润"账户的余额转入"利润分配——未分配利润"账户(无原始凭证)。

(62) 31 日,提取法定盈余公积(相关单据见原始凭证60)。

(63) 31 日,按净利润 50% 向投资者分配现金股利(相关单据见原始凭证61)。

(64) 31 日,将"利润分配"各明细账户的余额转入"利润分配——未分配利润"明细账户(无原始凭证)。

第二节　所附原始凭证

原始凭证 1

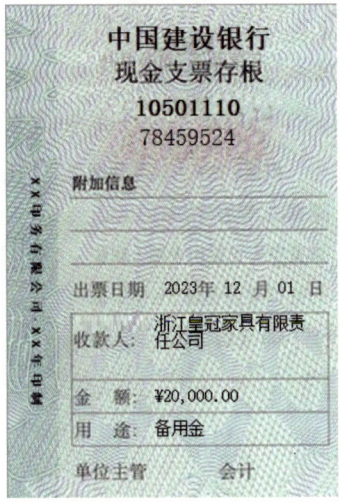

原始凭证 2

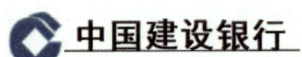

中国建设银行

凭　证

业务回单（收款）

日期：2023 年 12 月 01 日　　回单编号：65487200599

付款人户名：温州万达商场有限公司　　　付款人开户行：中国建设银行温州万达支行

付款人账号（卡号）：6227171800000003800

收款人户名：浙江皇冠家具有限责任公司　　收款人开户行：中国建设银行滨江支行

收款人账号（卡号）：6227181800000003399

金额：肆拾壹万元整　　　　　　　　　　　　　小写：¥410,000.00

业务（产品）种类：　　　　　凭证种类：0780748127　　　凭证号码：92852507900838748

摘要：货款　　　　　　　　　用途：转账　　　　　　　　币种：人民币

交易机构：3417278868　　记账柜员：29216　　交易代码：61546　　渠道：

6227181800000003399

本回单为第　　次打印，注意重复　打印日期：2023 年 12 月 01 日　打印柜员：5　验证码：979101825084

原始凭证 3

借　款　单

2023 年 12 月 01 日

资金性质：差旅费

部门	办公室	
借款理由	出差重庆	现金付讫
借款金额	人民币(大写) 捌仟元整	￥ 8,000.00
领导批示	同意　　皇甫江	财务主管　同意　　戴永明

部门主管：　　　　　　出纳：何筱夜　　　　　　领款人：刘海

原始凭证 4

中国建设银行 借 款 借 据　第一联 借据回单

银行编号：　10500010　　借款日期：　2023 年 12 月 01 日　　№ 8404

借款单位名称	浙江皇冠家具有限责任公司	放款账号 9999224287135007	利率 0.5%
		存款账号 6227181800000003399	

借款金额(大写)　肆拾捌万元整　　　￥ 4 8 0 0 0 0 0 0

约定还款日期	2024 年 03 月 01 日	借款种类	流动资金贷款	借款合同号码 J89650
实际放款日期	2023 年 12 月 01 日			

借款直接用途	1. 购材料	4.	还款记录	年	月	日	还款金额	余 额
	2.	5.						
	3.	6.						

根据签订的借款合同和你单位申请借款用途，经审查同意发放上列金额贷款。

中国建设银行滨江支行 2023.12.01 转讫

中国建设银行　　批准人：　　　　（银行转账盖章）　2023 年 12 月 01 日

开户银行：中国工商银行滨江支行

原始凭证 5-1

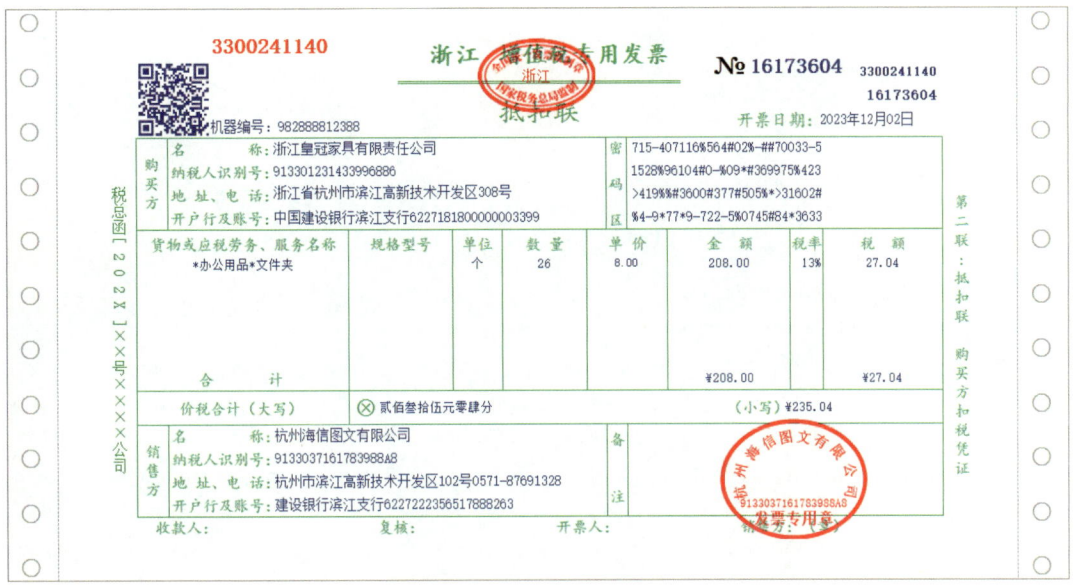

原始凭证 5-2

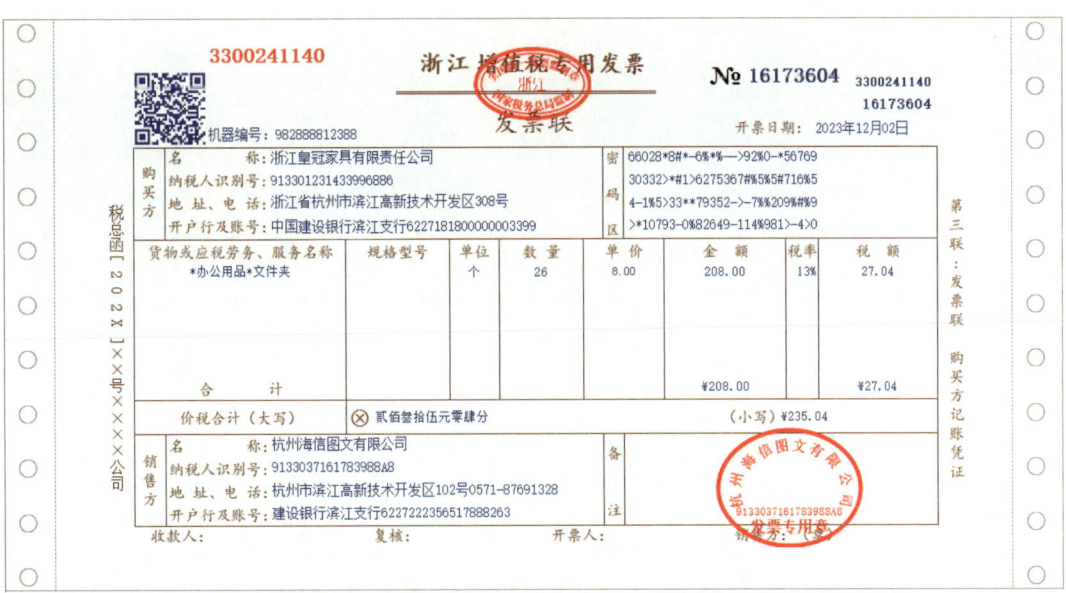

原始凭证 5-3

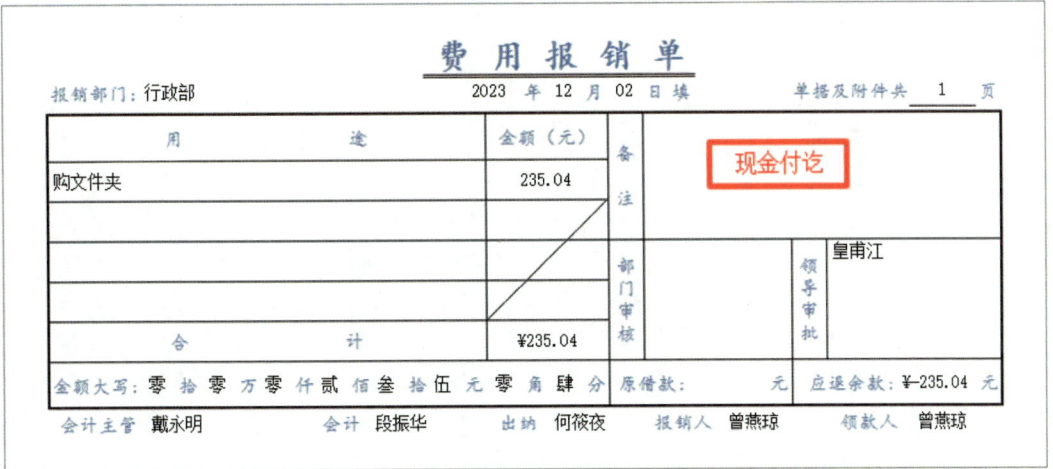

原始凭证 6-1

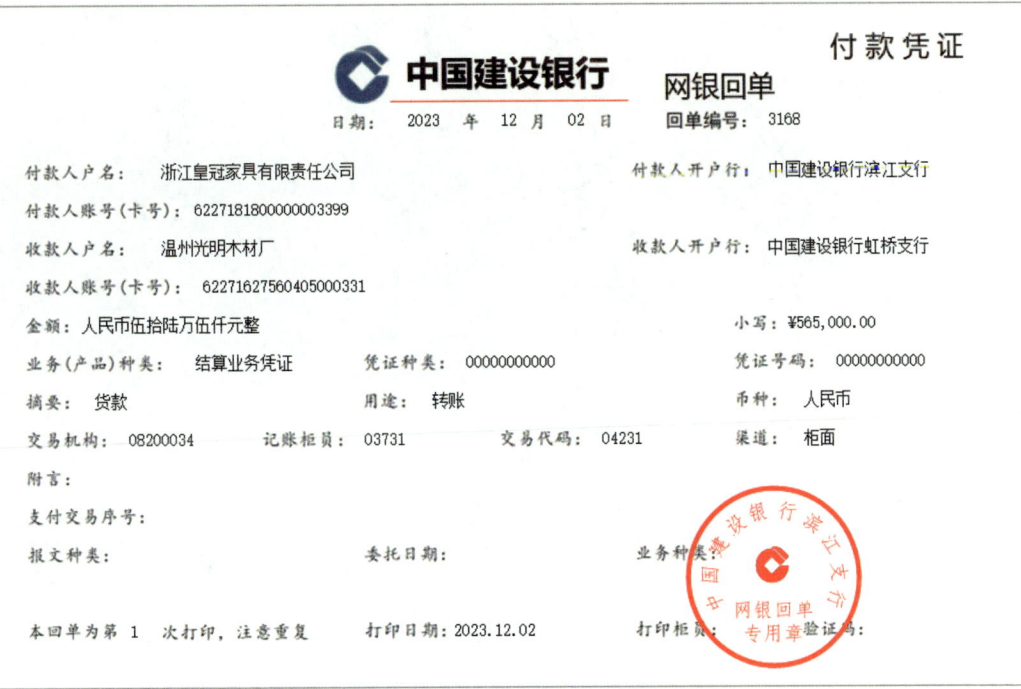

原始凭证 6-2

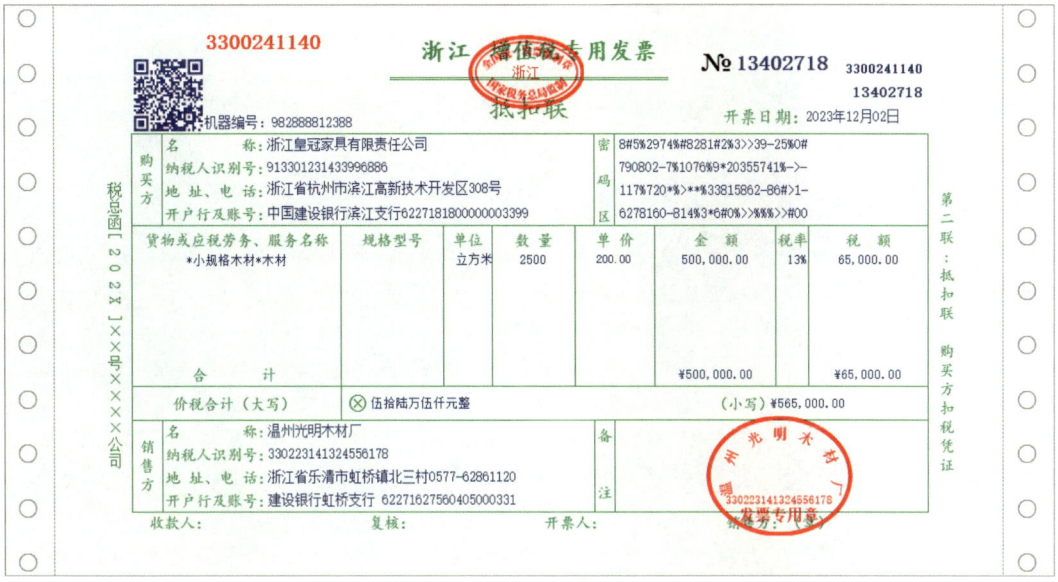

原始凭证 6-3

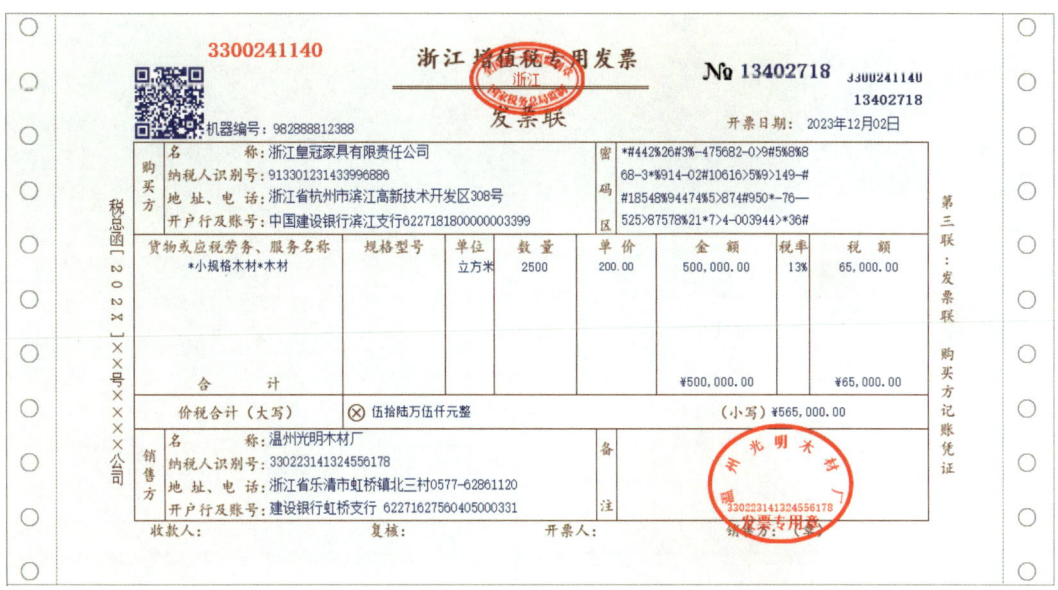

原始凭证 6-4

材料入库单

发票号码：13402718

供应单位：温州光明木材厂

收料单编号：1201

收发类别：

2023 年 12 月 02 日

收料仓库：总仓

| 编号 | 名称 | 规格 | 单位 | 数量 | | 实际成本 | | | | |
| | | | | 应收 | 实收 | 买价 | | 运杂费 | 其他 | 合计 |
						单价	金额			
001	木材		立方米	2500	2500	200.00	500,000.00			500,000.00
合计				2500	2500		¥500,000.00			¥500,000.00
备注										

采购员：宁伟　　检验员：　　　　记账员：段振华　　保管员：曾燕琼

原始凭证 7-1

中国建设银行

凭 证

业务回单 （ 收款 ）

日期： 2023 年 12 月 04 日　　回单编号：15439566001

付款人户名： 山西青云家具有限公司　　付款人开户行：中国建设银行城北支行

付款人账号（卡号）：6223826366638127286

收款人户名： 浙江皇冠家具有限责任公司　　收款人开户行：中国建设银行滨江支行

收款人账号（卡号）：6227181800000003399

金额： 壹佰陆拾柒万捌仟零伍拾元整　　　　　　小写： ¥1,678,050.00

业务(产品)种类： 结算业务凭证　　凭证种类： 0048468282　　凭证号码：42804863512496569

摘要： 货款　　　用途： 转账　　　币种： 人民币

交易机构： 3784888933　记账柜员：79178　交易代码： 64212　渠道：

6227181800000003399

本回单为第　　次打印，注意重复　打印日期：2023 年 12 月 04 日 打印柜员：0　验证码：916873832587

原始凭证 7-2

出 库 单　　No. 40885020

购货单位：山西青云家具有限公司　　2023 年 12 月 04 日

编号	品　名	规格	单位	数量	单价	金　额	备注
001	实木床		张	300		0.00	
02	办公桌		张	350		0.00	
合　　　　计						¥0.00	

仓库主管：曾燕琼　　记账：段振华　　保管：曾燕琼　　经手人：　　制单：曾燕琼

第一联 存根联

原始凭证 7-3

原始凭证 8-1

材料入库单

发票号码：17498146
供应单位：宁波北仑精益涂料厂　　　　　　　　　　　　　　收料单编号：1202
收发类别：　　　　　　2023 年 12 月 04 日　　　　　　　　收料仓库：总仓

| 编号 | 名称 | 规格 | 单位 | 数量 | | 实际成本 | | | | |
| | | | | 应收 | 实收 | 买价 | | 运杂费 | 其他 | 合计 |
						单价	金额			
001	涂料		桶	2000	2000	240.00	480,000.00			480,000.00
	合　计			2000	2000		¥480,000.00			¥480,000.00
	备　注									

采购员：宁伟　　　　检验员：　　　　　　记账员：段振华　　　　保管员：曾燕琼

原始凭证 8-2

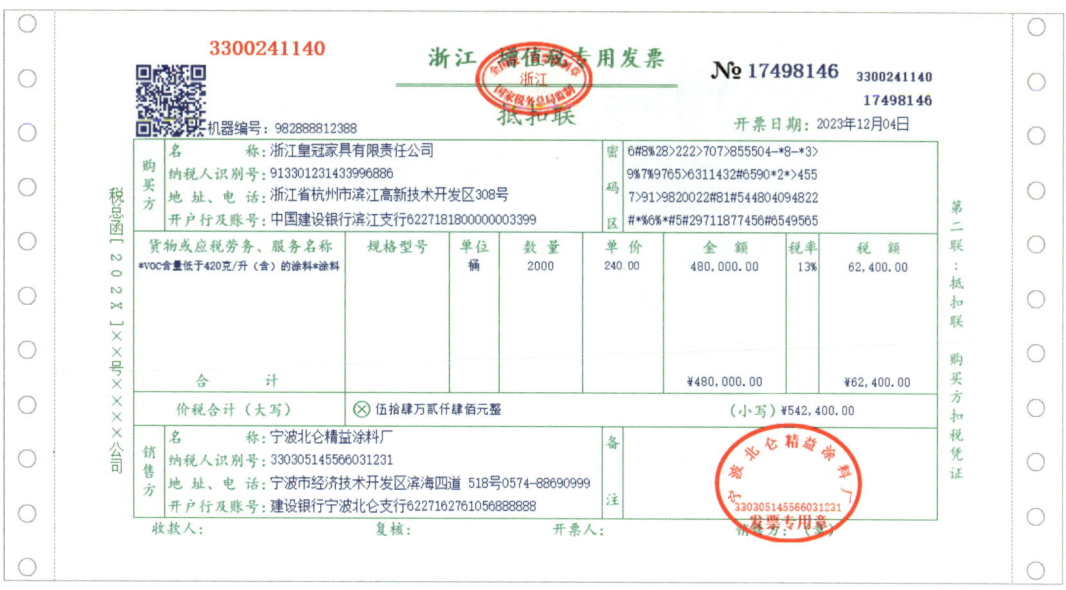

原始凭证 8-3

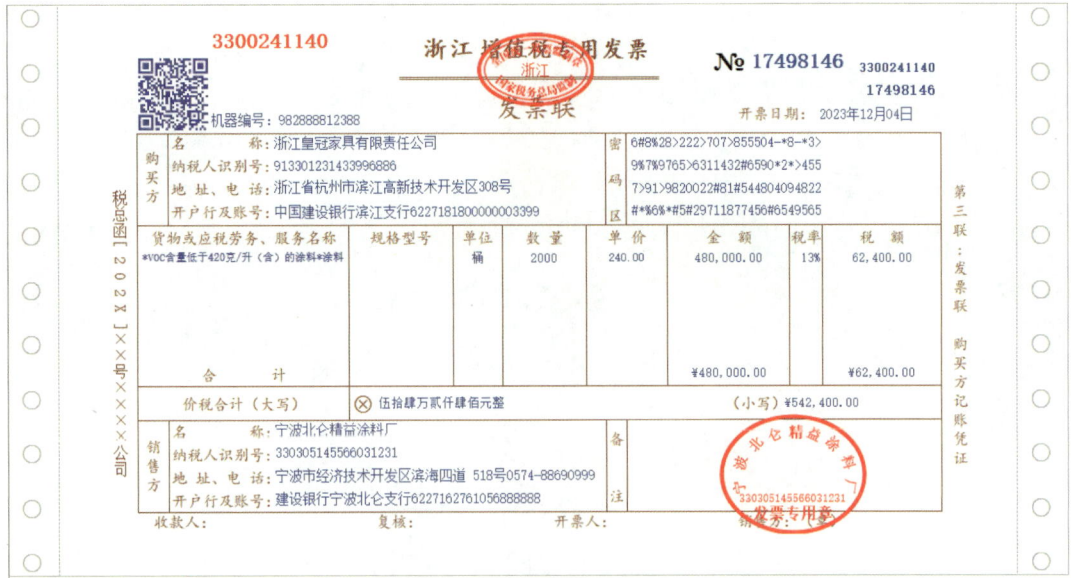

原始凭证 9-1

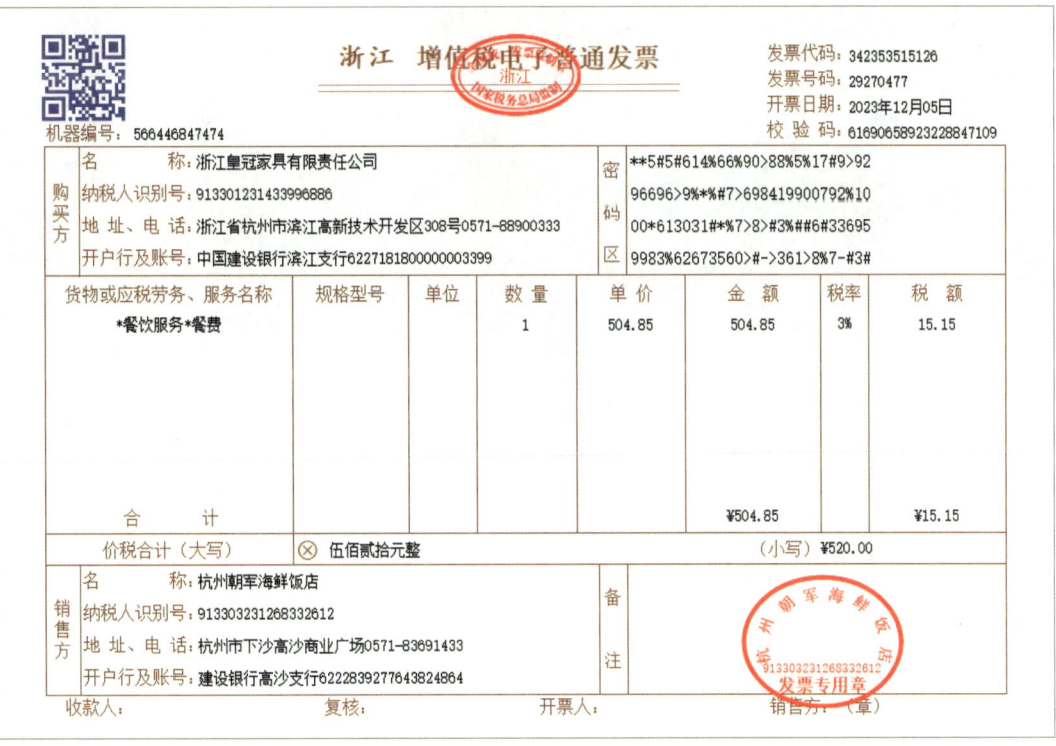

原始凭证 9-2

费 用 报 销 单

报销部门：行政部　　2023 年 12 月 05 日 填　　单据及附件共　1　页

用　　　途	金额（元）	备注		
餐费	520.00		现金付讫	
		部门审核	领导审批	皇甫江
合　　　计	¥520.00			

金额大写：零 拾 零 万 零 仟 伍 佰 贰 拾 零 元 零 角 零 分　原借款：　　元　应退余款：¥-520.00 元

会计主管　戴永明　　会计　段振华　　出纳　何筱夜　　报销人　戴永明　　领款人　戴永明

原始凭证 10-1

费 用 报 销 单

报销部门：销售部　　2023 年 12 月 05 日 填　　单据及附件共　2　页

用　　　途	金额（元）	备注		
餐费	1,050.00		现金付讫	
住宿费	170.00			
		部门审核	领导审批	皇甫江
合　　　计	¥1,220.00			

金额大写：零 拾 零 万 壹 仟 贰 佰 贰 拾 零 元 零 角 零 分　原借款：　　元　应退余款：¥-1,220.00 元

会计主管　戴永明　　会计　段振华　　出纳　何筱夜　　报销人　陈笑笑　　领款人　陈笑笑

原始凭证 10-2

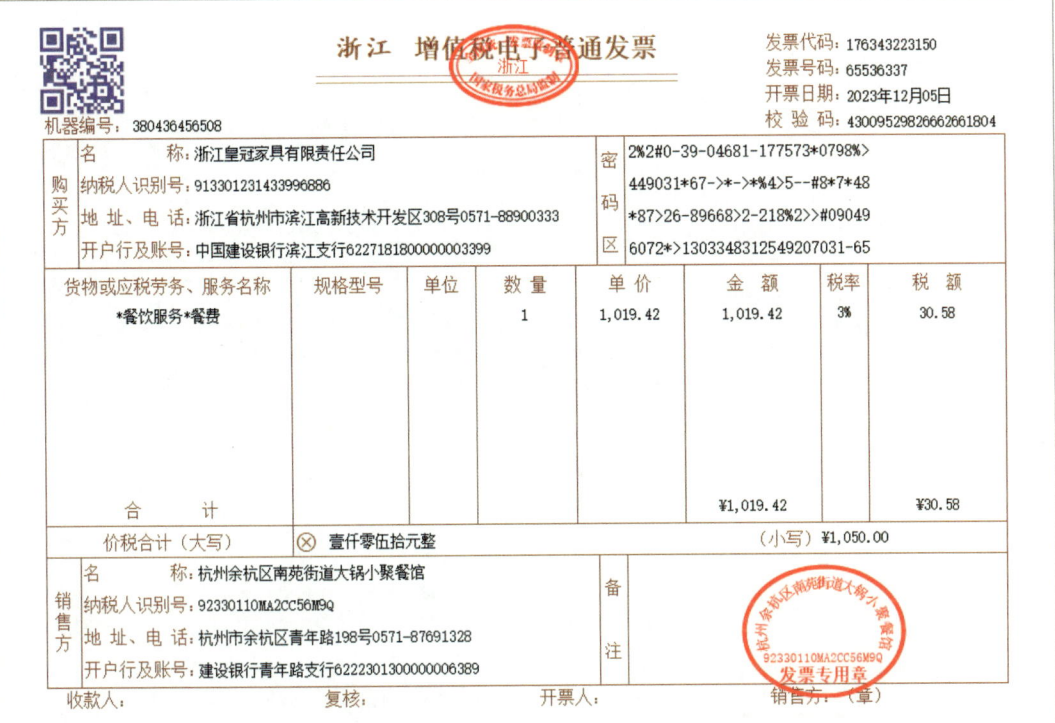

原始凭证 10-3

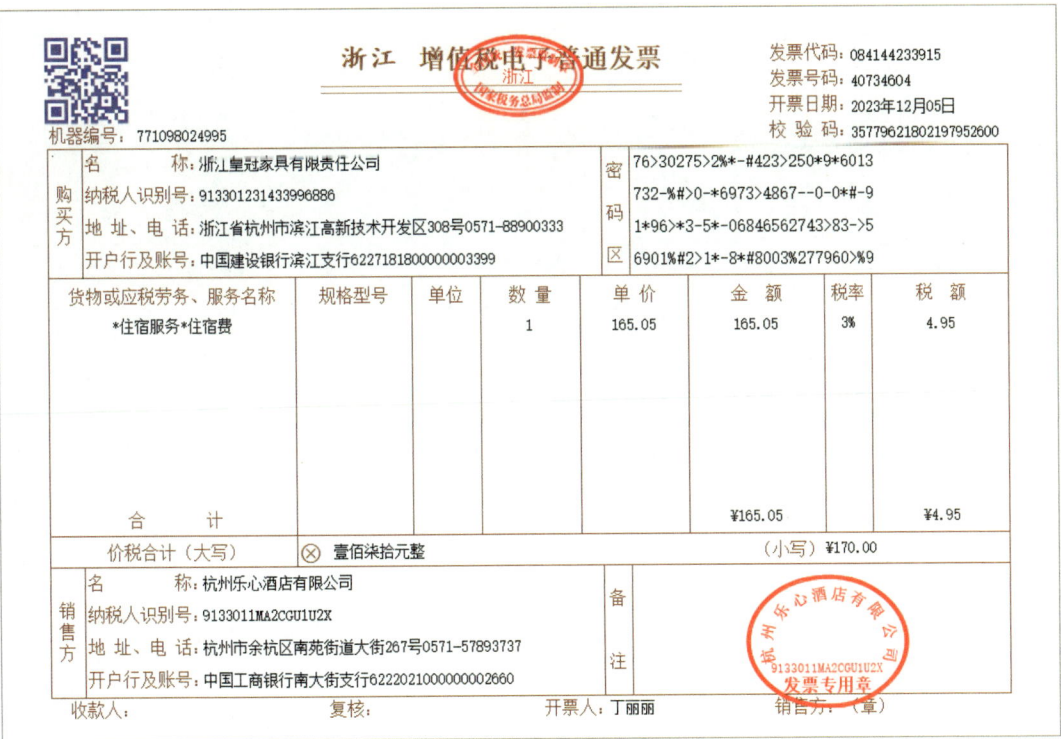

原始凭证 11

中国建设银行 凭证

业务回单（付款）

日期： 2023 年 12 月 05 日　　　回单编号：78574085237

付款人户名： 浙江皇冠家具有限责任公司　　　付款人开户行： 中国建设银行滨江支行

付款人账号(卡号)： 6227181800000003399

收款人户名： 杭州市生态环境局　　　收款人开户行： 中国建设银行杭州分行

收款人账号(卡号)： 622788903000009988

金额： 壹拾万元整　　　小写： ¥100,000.00

业务(产品)种类：　　　凭证种类： 1089426691　　　凭证号码：05948382747294849

摘要： 转账　　　用途： 环保罚款　　　币种： 人民币

交易机构： 4726856342　　　记账柜员： 32203　　　交易代码： 74633　　　渠道：

622788903000009988

本回单为第　次打印，注意重复　打印日期： 2023 年 12 月 05 日　打印柜员:4　验证码：371499883343

原始凭证 12-1

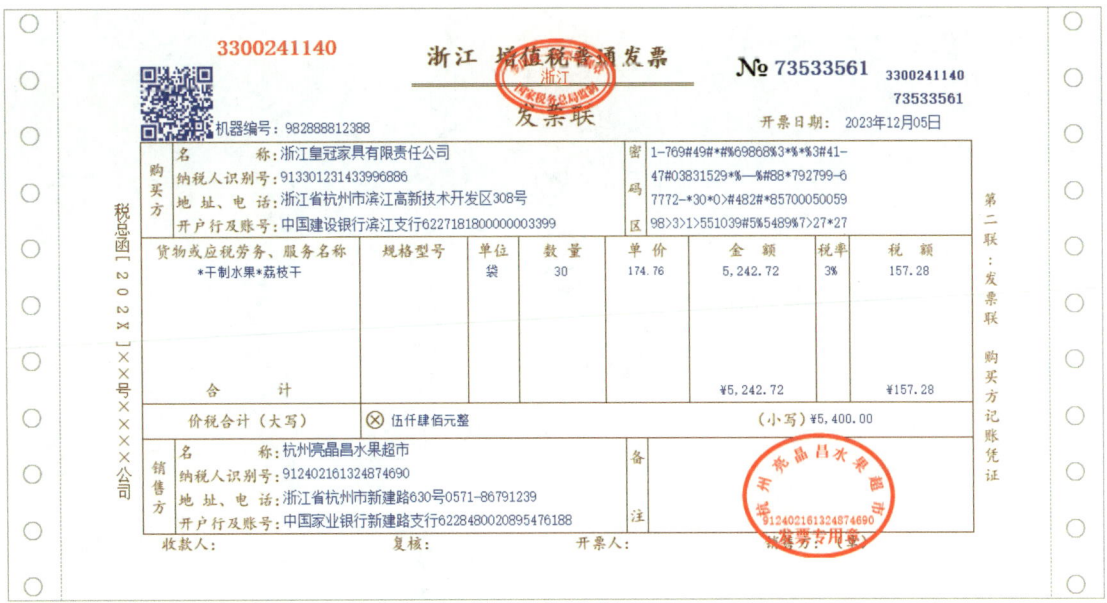

浙江 增值税普通发票

3300241140　　　　　　No 73533561　　3300241140
　　　　　　　　　　　　　　　　　　　　　　73533561

发票联

机器编号:982888812388　　　开票日期:2023年12月05日

购买方	名　称：浙江皇冠家具有限责任公司 纳税人识别号:913301231433996886 地　址、电话:浙江省杭州市滨江高新技术开发区308号 开户行及账号:中国建设银行滨江支行6227181800000003399	密码区	1-769#49#*#%69868%3*%*%3#41- 47#03831529*%—*%88*792799-6 7772-*30*0>#482#*85700050059 98>3)1>551039#5%5489%7>27*27

货物或应税劳务、服务名称	规格型号	单位	数量	单价	金额	税率	税额
*干制水果*荔枝干		袋	30	174.76	5,242.72	3%	157.28
合　计					¥5,242.72		¥157.28

价税合计（大写）　⊗ 伍仟肆佰元整　　　（小写）¥5,400.00

销售方	名　称： 杭州亮晶昌水果超市 纳税人识别号:912402161324874690 地　址、电话:浙江省杭州市新建路630号0571-86791239 开户行及账号:中国实业银行新建路支行6228480020895476188	备注	

收款人：　　　复核：　　　开票人：

税动函[202X][××号××××公司

第二联：发票联 购买方记账凭证

原始凭证 12-2

浙江皇冠家具有限公司 12 月职工福利发放表

工号	所属部门		姓名	发放金额(元)	已领签名
1	总经办	总经理	皇甫江	180	皇甫江
2	行政部	主任	刘海	180	刘海
3	财务部	财务经理	戴永明	180	戴永明
4		会计	段振华	180	段振华
5		出纳	何筱夜	180	何筱夜
6	仓库	保管员	曾燕琼	180	曾燕琼
7	销售部	销售经理	陈笑笑	180	陈笑笑
8		销售员	吴靓	180	吴靓
9	采购部	采购经理	宁伟	180	宁伟
10		采购员	郝丽丽	180	郝丽丽
11	生产部	车间主任	汤晓明	180	汤晓明
12		生产人员（实木床）	张晶晶	180	张晶晶
13			李和平	180	李和平
14			冯志满	180	冯志满
15			张晓斌	180	张晓斌
16			邓坤	180	邓坤
17			林化	180	林化
18			朱海燕	180	朱海燕
19			朱军	180	朱军
20			林明	180	林明
21		生产人员（办公桌）	李小益	180	李小益
22			李七星	180	李七星
23			林小龙	180	林小龙
24			范书徐	180	范书徐
25			李月	180	李月
26			黄婷婷	180	黄婷婷
27			李璐芳	180	李璐芳
28			陈胜	180	陈胜
29			陈辉华	180	陈辉华
30			李丽芳	180	李丽芳
合计				5400	

原始凭证 12-3

费 用 报 销 单

报销部门：行政部　　　　　2023 年 12 月 05 日填　　　单据及附件共　2　页

用　　　　途	金额（元）	备注	
12月员工福利	5,400.00	**现金付讫**	
		部门审核	领导审批　皇甫江
合　　　计	¥5,400.00		

金额大写：零 拾 零 万 伍 仟 肆 佰 零 拾 零 元 零 角 零 分　　原借款：　　元　　应退余款：　　元

会计主管 戴永明　　　会计 段振华　　　出纳 何筱夜　　　报销人 刘海　　　领款人 刘海

原始凭证 13-1

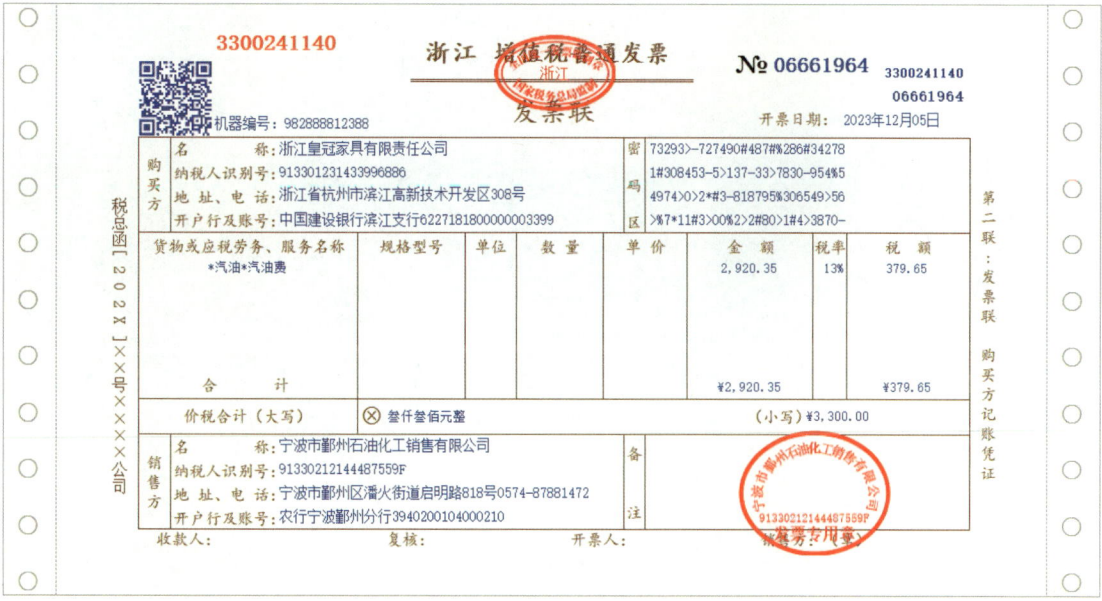

原始凭证 13-2

原始凭证 14

中国建设银行　　　　　凭证

业务回单　（ 收款 ）

日期：2023 年 12 月 06 日　　　回单编号：36240874521

付款人户名：　宁海市文海商场有限公司　　　付款人开户行：中国建设银行宁海支行

付款人账号（卡号）：6227282209045766600

收款人户名：　浙江皇冠家具有限责任公司　　　收款人开户行：中国建设银行滨江支行

收款人账号（卡号）：6227181800000003399

金额：　壹拾万元整　　　　　　　　　　　　小写：　¥100,000.00

业务（产品）种类：　　　　　凭证种类：2139589024　　　凭证号码：62614072932797696

摘要：货款　　　　　用途：转账　　　　币种：人民币

交易机构：5765910875　记账柜员：99089　　交易代码：84023　　渠道：

6227181800000003399

本回单为第　　次打印，注意重复　打印日期：2023 年 12 月 06 日 打印柜员：2　验证码：114985026781

原始凭证 15-1

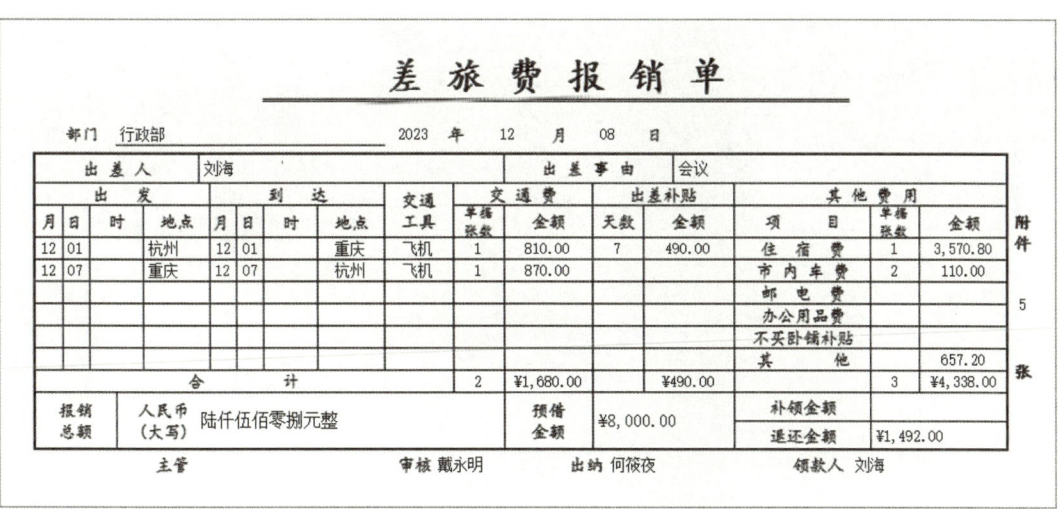

原始凭证 15-2

原始凭证 15-3

原始凭证 15-4

原始凭证 15-5

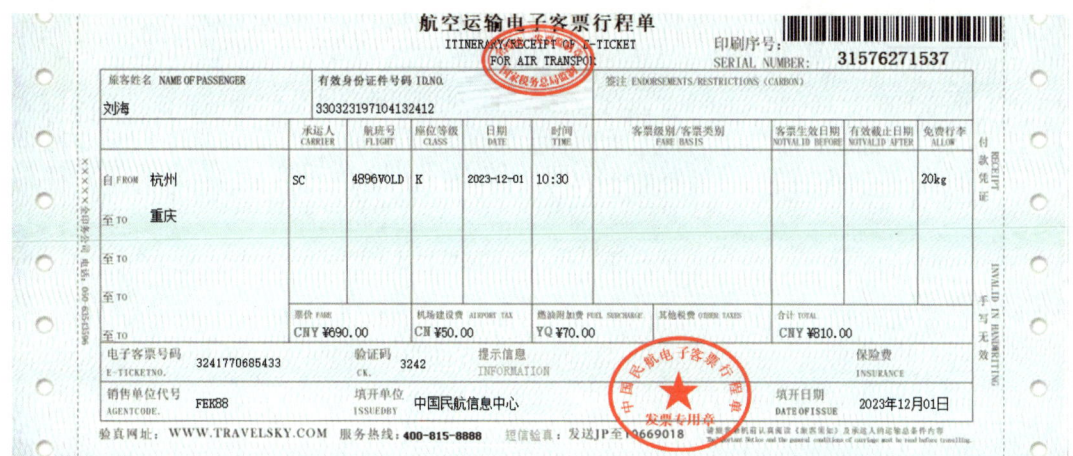

原始凭证 15-6

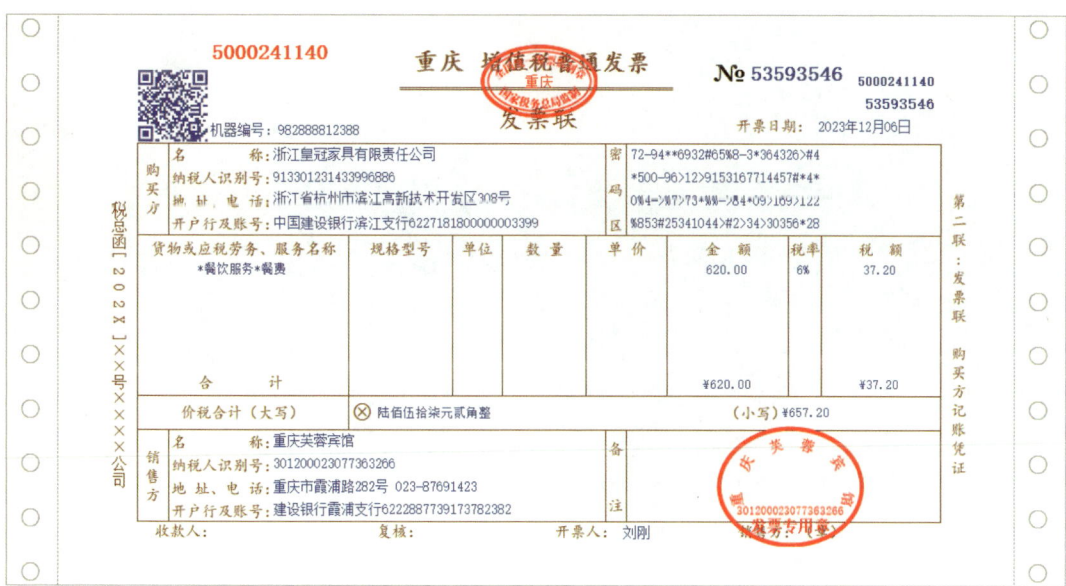

原始凭证 15-7

原始凭证 15-8

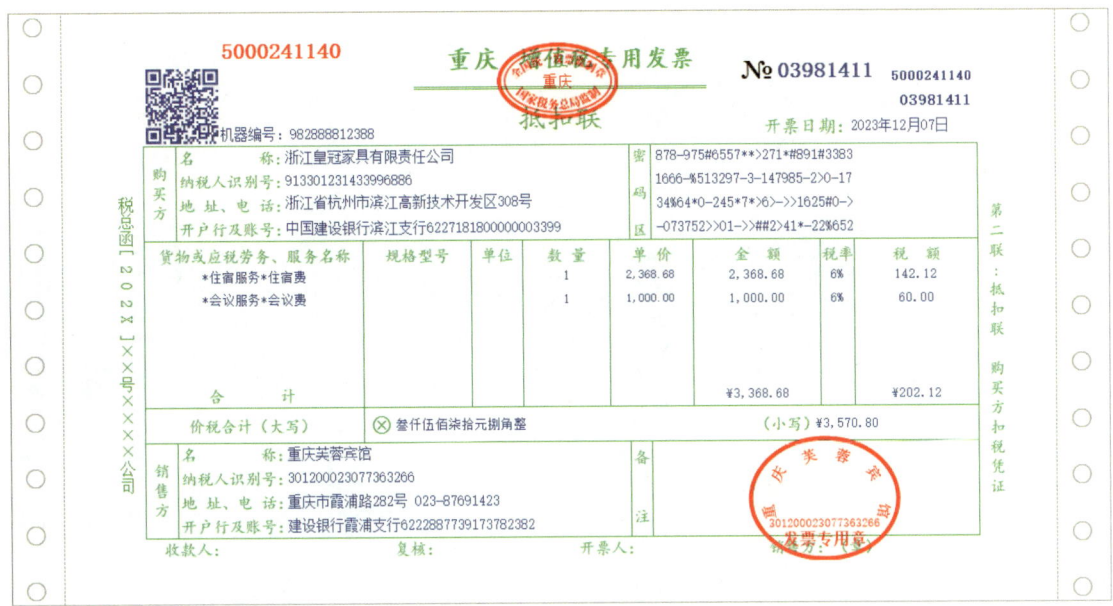

原始凭证 15-9

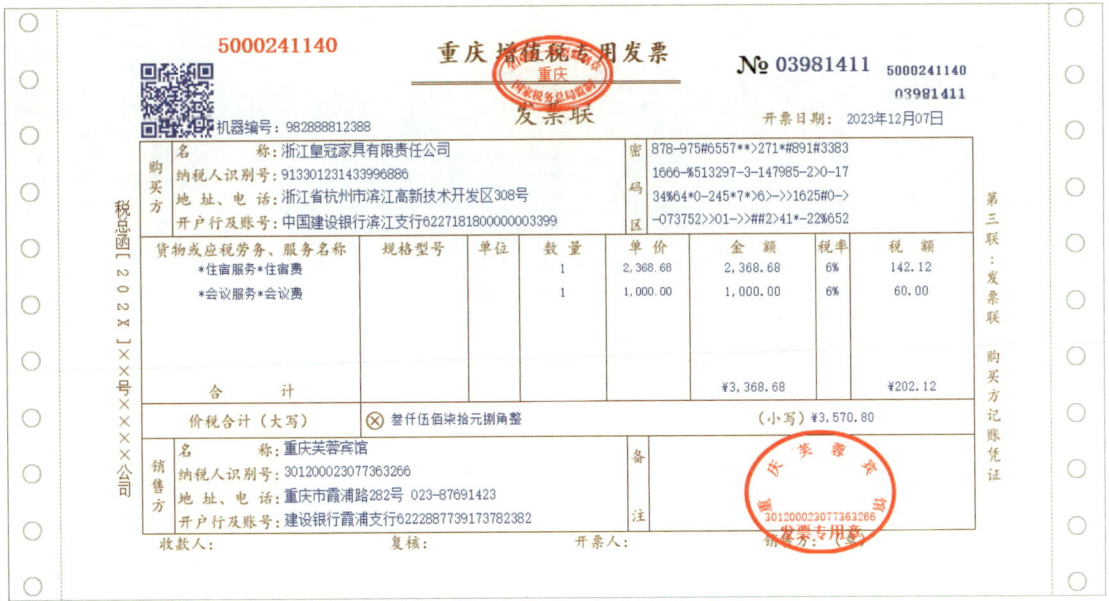

原始凭证 16-1

中国建设银行
凭证
业务回单 （ 收款 ）

日期： 2023 年 12 月 08 日　　　回单编号： 84502207277

付款人户名： 浙江峰川机械厂　　　　　　付款人开户行： 中国建设银行开发区支行

付款人账号(卡号)： 622730200000006688

收款人户名： 浙江皇冠家具有限责任公司　收款人开户行： 中国建设银行滨江支行

收款人账号(卡号)： 6227181800000003399

金额： 陆仟伍佰元整　　　　　　　　　　　　　　　小写： ¥6,500.00

业务(产品)种类：　　　　凭证种类： 7864733309　　　凭证号码： 10976404688442342

摘要： 货款　　　　　用途： 转账　　　　　　　币种： 人民币

交易机构： 0591153040　记账柜员： 47331　交易代码： 32385　渠道：

6227181800000003399

本回单为第 1 次打印，注意重复　打印日期： 2023 年 12 月 08 日　打印柜员:7　验证码:697500343248

原始凭证 16-2

固定资产报废申请书

NO： 148077

申报部门： 生产车间　　　　　　　　　　申请日期： 2023年12月08日

固定资产名称	钻床	购置时间	2018年05月17日
数量/单位	1	使用部门	生产车间
原值	71,700.00	净值	54,103.62
已提折旧	17,596.38	净残值	3,585.00

报废原因：
报废出售

资产管理部门意见	汤晓明　　同意报废 2023年12月08日	公司意见	皇甫江　　同意报废 2023年12月08日

此表一式两份，一份留申请部门、一份留财务部门

原始凭证 16-3

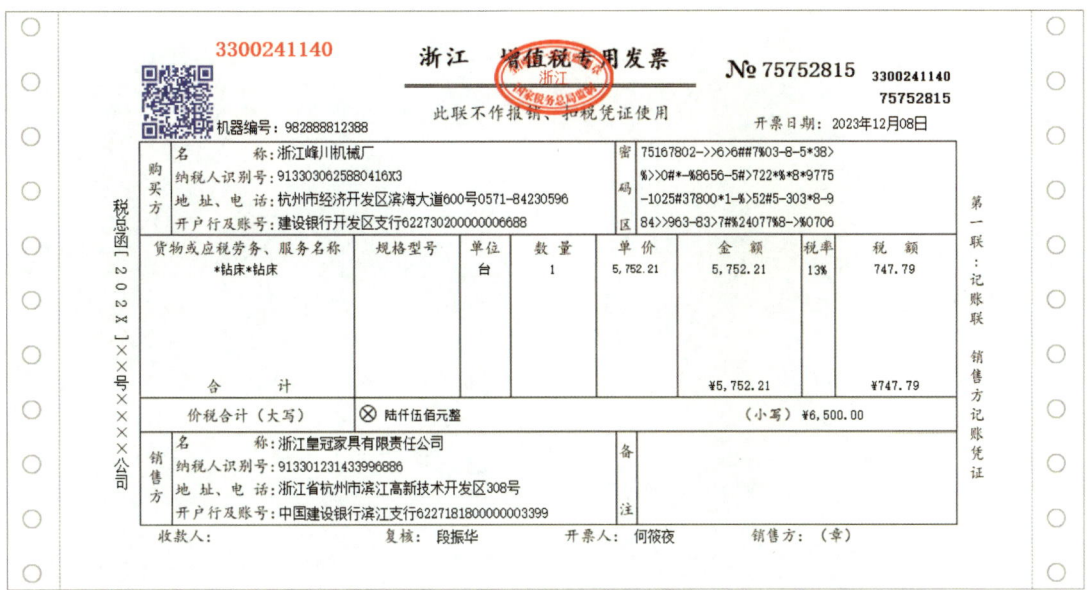

原始凭证 17-1

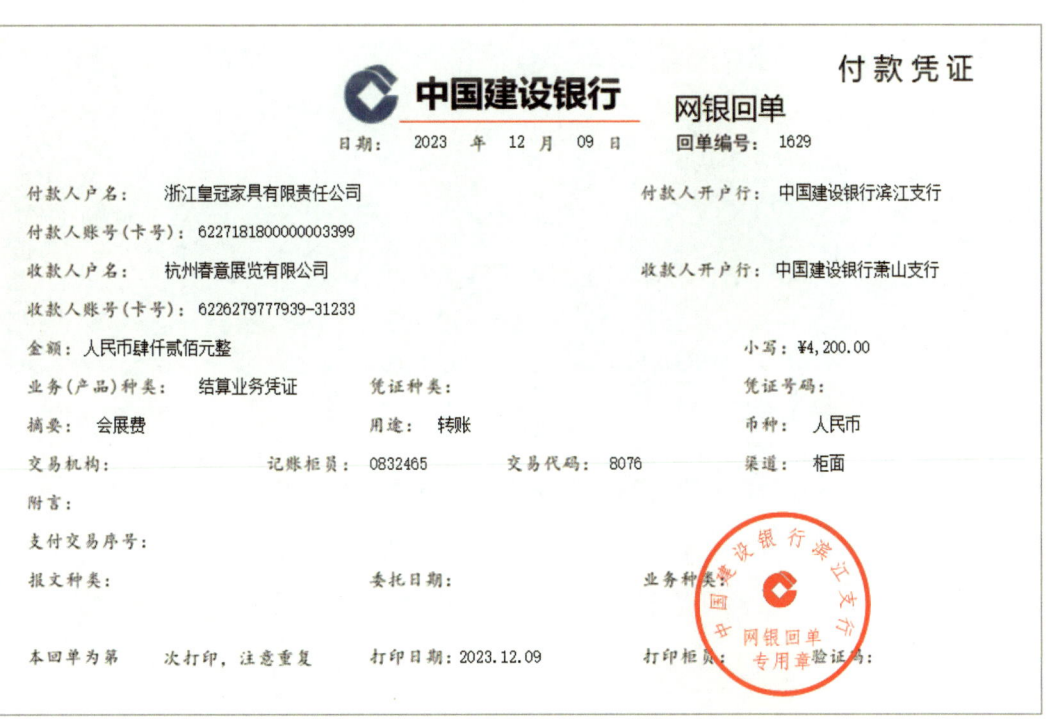

原始凭证 17-2

费 用 报 销 单

报销部门：销售部　　　　　2023 年 12 月 09 日 填　　　单据及附件共　　3　　页

用　　　　　　途	金额（元）	备注	
参加工业品展销会交通费与餐费	490.00		现金付讫
		部门审核	陈笑笑
		领导审批	皇甫江
合　　　　　计	¥490.00		

金额大写：零 拾 零 万 零 仟 肆 佰 玖 拾 零 元 零 角 零 分　　原借款：　　　元　　应退余款：¥-490.00

会计主管 戴永明　　　会计 段振华　　　出纳 何筱夜　　　报销人 吴靓　　　领款人 吴靓

原始凭证 17-3

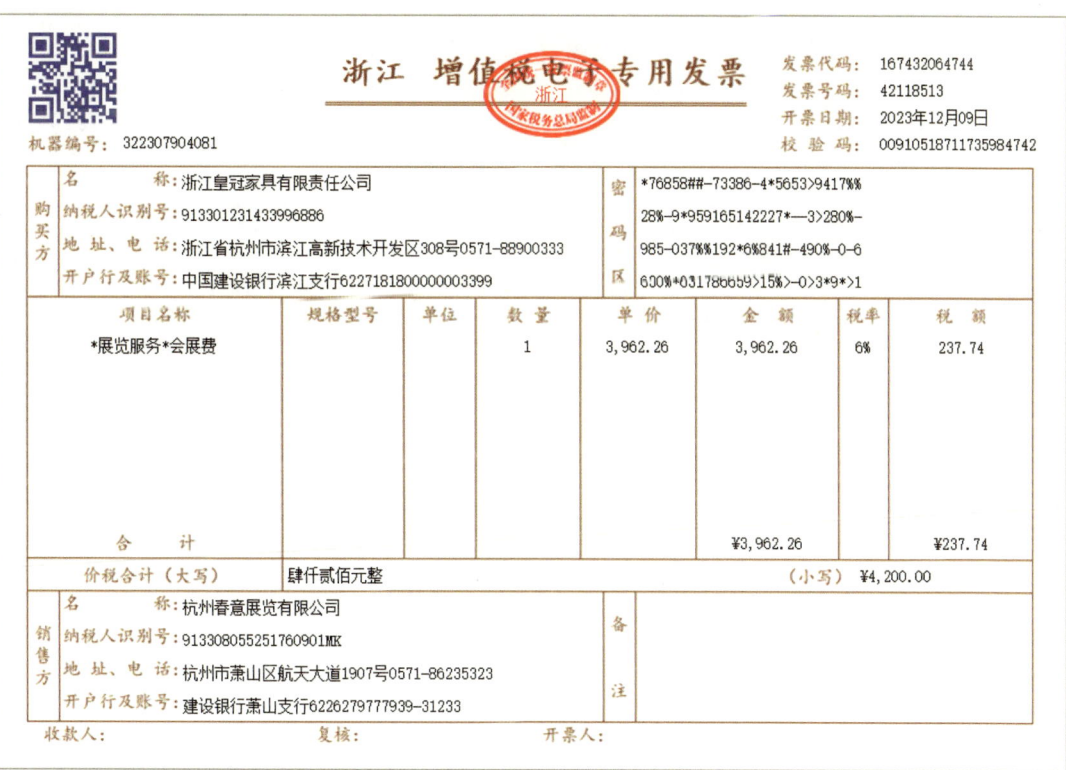

浙江 增值税电子专用发票

机器编号：322307904081

发票代码：167432064744
发票号码：42118513
开票日期：2023年12月09日
校验码：00910518711735984742

购买方	名　　称：浙江皇冠家具有限责任公司 纳税人识别号：9133012314339966886 地址、电话：浙江省杭州市滨江高新技术开发区308号0571-88900333 开户行及账号：中国建设银行滨江支行6227181800000003399	密码区	*76858##-73386-4*5653>9417%% 28%-9*959165142227*—3>280%- 985-037%%192*6%841#-490%-0-6 600%*031786659>15%>-0>3*9*>1

项目名称	规格型号	单位	数量	单价	金　额	税率	税　额
*展览服务*会展费			1	3,962.26	3,962.26	6%	237.74
合　　计					¥3,962.26		¥237.74

价税合计（大写）	肆仟贰佰元整		（小写）　¥4,200.00

销售方	名　　称：杭州春意展览有限公司 纳税人识别号：913308055251760901MK 地址、电话：杭州市萧山区航天大道1907号0571-86235323 开户行及账号：建设银行萧山支行6226279777939-31233	备注	

收款人：　　　　　复核：　　　　　开票人：

原始凭证 17-4

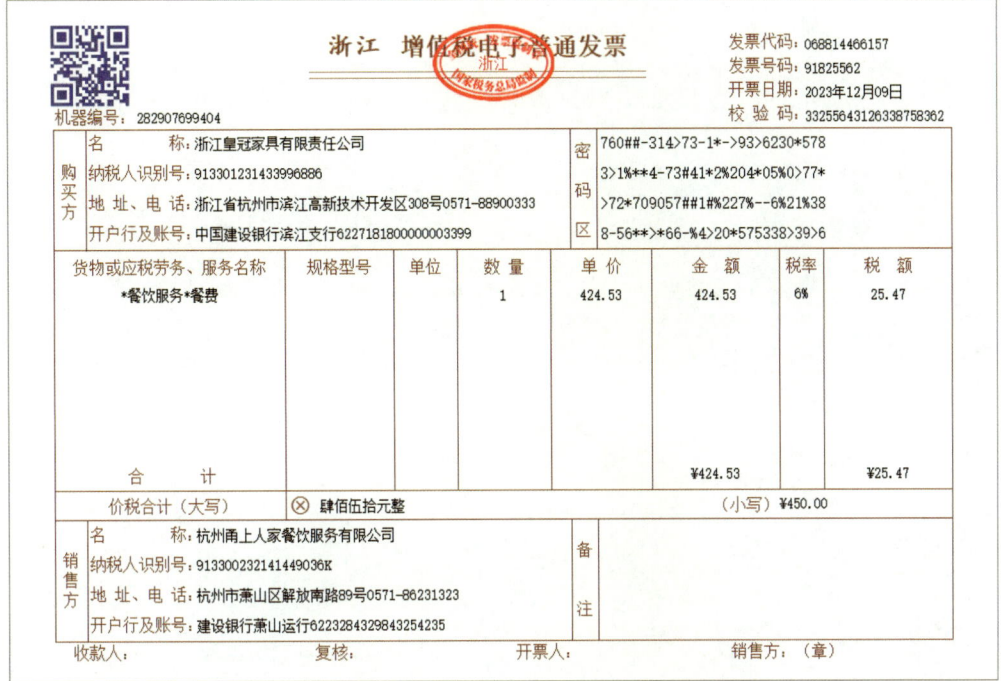

原始凭证 17-5

原始凭证 18-1

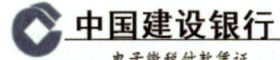

电子缴税付款凭证

凭证

缴税日期：　2023　年　12　月　10　日　　　　　　凭证字号：20200010

| 纳税人全称及纳税人识别号：浙江皇冠家具有限责任公司 | 913301231433996886 |

付款人全称：浙江皇冠家具有限责任公司

付款人账号：6227181800000003399　　　　　征收机关名称：杭州滨江区地方税务局

付款人开户行：中国建设银行滨江支行　　　　　收款国库（银行）名称：

小写（合计）金额：　¥18,356.80　　元　　　　缴款书交易流水号：27615118

大写（合计）金额：壹万捌仟叁佰伍拾陆元捌角整　　税票号码：6994539993969222767

税（费）种名称	所属日期		实缴金额（单位：元）
增值税	2023.11.01	－ 2023.11.30	¥16,390.00
城市维护建设税	2023.11.01	－ 2023.11.30	¥1,147.30
教育费附加	2023.11.01	－ 2023.11.30	¥491.70
地方教育附加	2023.11.01	－ 2023.11.30	¥327.80
	－		

第　1　次打印　　　　　　　　　　　　　　打印时间：　2023　年　12　月　09　日

客户回单联　　　　验证码：334525　　　　复核：　　　　　　记账：

原始凭证 18-2

中国建设银行

电子缴税付款凭证

凭证

缴税日期：　2023　年　12　月　10　日　　　　　　凭证字号：20200010

| 纳税人全称及纳税人识别号：浙江皇冠家具有限责任公司 | 913301231433996886 |

付款人全称：浙江皇冠家具有限责任公司

付款人账号：6227181800000003399　　　　　征收机关名称：杭州滨江区地方税务局

付款人开户行：中国建设银行滨江支行　　　　　收款国库（银行）名称：杭州市国库

小写（合计）金额：　¥1,170.00　　元　　　　缴款书交易流水号：92329725

大写（合计）金额：壹仟壹佰柒拾元整　　　　税票号码：347499067200113552

税（费）种名称	所属日期		实缴金额（单位：元）
印花税	2023.11.01	－ 2023.11.30	¥1,170.00
	－		
	－		

第　1　次打印　　　　　　　　　　　　　　打印时间：　2023　年　12　月　10　日

客户回单联　　　　验证码：611131　　　　复核：　　　　　　记账：

原始凭证 19-1

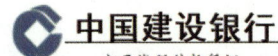

中国建设银行
电子缴税付款凭证　　　　凭证

| 缴税日期：　2023　年　12　月　10　日 | | 凭证字号：20200010 |

纳税人全称及纳税人识别号：浙江皇冠家具有限责任公司　　913301231433996886

付款人全称：浙江皇冠家具有限责任公司

付款人账号：6227181800000003399　　征收机关名称：杭州滨江区地方税务局

付款人开户行：中国建设银行滨江支行　　收款国库（银行）名称：

小写(合计)金额：　¥15,393.90　　元　　缴款书交易流水号：31907787

大写(合计)金额：壹万伍仟叁佰玖拾叁元玖角整　　税票号码：269527033661258498

税（费）种名称	所属日期	实缴金额（单位：元）
医疗保险（单位）	2023.11.01　-　2023.11.30	¥11,378.10
医疗保险（个人）	2023.11.01　-　2023.11.30	¥2,677.20
失业保险（单位）	2023.11.01　-　2023.11.30	¥669.30
失业保险（个人）	2023.11.01　-　2023.11.30	¥669.30
	-	

第　次打印　　　　打印时间：　2023　年　12　月　10　日

客户回单联　　验证码：523160　　复核：　　记账：

原始凭证 19-2

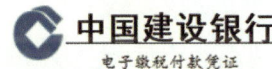

中国建设银行
电子缴税付款凭证　　　　凭证

| 缴税日期：　2023　年　12　月　10　日 | | 凭证字号：20200010 |

纳税人全称及纳税人识别号：浙江皇冠家具有限责任公司　　913301231433996886

付款人全称：浙江皇冠家具有限责任公司

付款人账号：6227181800000003399　　征收机关名称：杭州滨江区地方税务局

付款人开户行：中国建设银行滨江支行　　收款国库（银行）名称：杭州市国库

小写(合计)金额：　¥31,457.10　　元　　缴款书交易流水号：12926568

大写(合计)金额：叁万壹仟肆佰伍拾柒元壹角整　　税票号码：179615846032754007

税（费）种名称	所属日期	实缴金额（单位：元）
养老保险（单位）	2023.11.01　-　2023.11.30	¥20,079.00
养老保险（个人）	2023.11.01　-　2023.11.30	¥10,708.80
工伤保险（单位）	2023.11.01　-　2023.11.30	¥669.30
	-	
	-	

第　次打印　　　　打印时间：　2023　年　12　月　10　日

客户回单联　　验证码：443358　　复核：　　记账：

原始凭证 20-1

出　库　单

出货单位：浙江皇冠家具有限责任公司　　日期：2023年12月11日　　　　　单号：135544

提货单位（部门）：乐清伟东商场有限公司　　销售单号：　　　发货仓库：总仓　　出库日期：2023年12月11日

编码	名称	规格	单位	数量		单价	金额	会计联
				应发	实发			
010	实木床		张	450	450		0.00	
合计	人民币（大写）：零元整						¥0.00	

部门经理：曾燕琼　　　会计：段振华　　　仓库：　　　经办人：

原始凭证 20-2

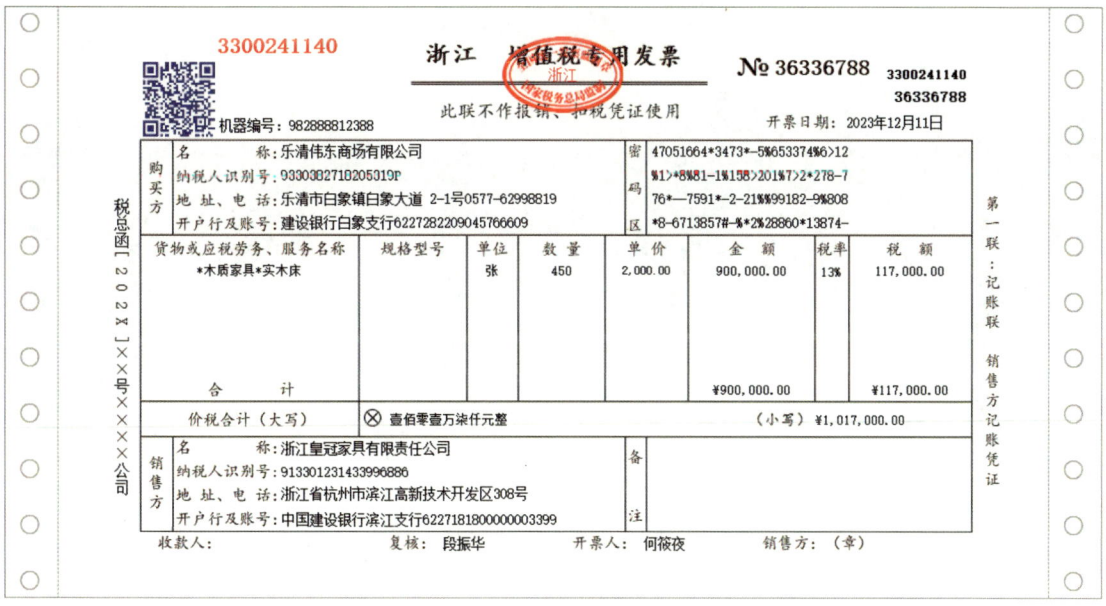

原始凭证 20-3

购 销 合 同

合同编号:84480193

购货单位(甲方):乐清伟东商场有限公司

供货单位(乙方):浙江皇冠家具有限责任公司

根据《中华人民共和国民法典》及国家相关法律、法规之规定,甲乙双方本着平等互利的原则,就甲方购买乙方货物一事达成以下协议。

一、货物的名称、数量及价格:

货物名称	规格型号	单位	数量	单价	金额	税率	价税合计
实木床		张	450	2,000.00	900,000.00	13%	1,017,000.00
合计(大写) 壹佰零壹万柒仟元整							￥1,017,000.00

二、交货方式和费用承担:交货方式:购货方自行提货 ,交货时间:2023 年 12 月 12 日 前,交货地点: 杭州 ,运费由 购货方 承担。

三、付款时间与付款方式:交货后在规定时间里付款享受现金折扣,2/10,1/20,n/30(不考虑增值税),

最后付款时间 2024 年 1 月 11 日 。

四、质量异议期:订货方对供货方的货物质量有异议时,应在收到货物后 3 内提出,逾期视为货物质量合格。

五、未尽事宜经双方协商可作补充协议,与本合同具有同等效力。

六、本合同自双方签字、盖章之日起生效,本合同壹式贰份,甲乙双方各执壹份。

甲方(签章):

授权代表:

地　　址:乐清市白象镇白象大道2-1号

电　　话:0577-62998819

日　　期: 2023 年 12 月 10 日

乙方(签章):

授权代表:皇甫江

地　　址:浙江省杭州市滨江高新技术开发区308号

电　　话:0571-88900333

日　　期: 2023 年 12 月 10 日

原始凭证 21-1

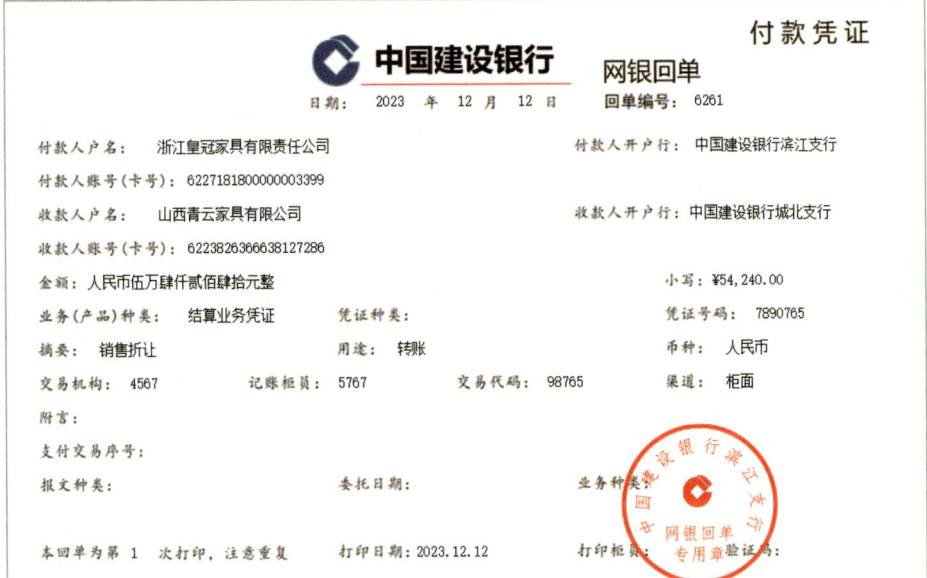

付款凭证

中国建设银行 网银回单

日期：2023年12月12日　　回单编号：6261

付款人户名：浙江皇冠家具有限责任公司　　　　付款人开户行：中国建设银行滨江支行

付款人账号（卡号）：6227181800000003399

收款人户名：山西青云家具有限公司　　　　　　收款人开户行：中国建设银行城北支行

收款人账号（卡号）：6223826366638127286

金额：人民币伍万肆仟贰佰肆拾元整　　　　　　小写：¥54,240.00

业务（产品）种类：结算业务凭证　　凭证种类：　　　凭证号码：7890765

摘要：销售折让　　用途：转账　　　　币种：人民币

交易机构：4567　　记账柜员：5767　　交易代码：98765　　渠道：柜面

附言：

支付交易序号：

报文种类：　　　委托日期：　　　业务种类：

本回单为第 1 次打印，注意重复　　打印日期：2023.12.12　　打印柜员：

原始凭证 21-2

开具红字增值税专用发票通知单

填开日期：2023年12月12日　　　　　　NO. 88565096

销售方	名称	浙江皇冠家具有限责任公司		购买方	名称	山西青云家具有限公司	
	税务登记代码	913301231433996886			税务登记代码	914270602924015639	
	货物（劳务）名称	单价	数量	金额		税率	税额
开具红字发票内容	*木质家具*实木床	160.00	-300	-48,000.00		13%	-6,240.00
	合计			¥-48,000.00			¥0.00

说明	需要作进项税额转出　□
	不需要作进项税额转出　□
	纳税人识别号认证不符　□
	专用发票代码、号码认证不符　□
	对应蓝字专用发票密码区打印的代码：3300241140
	号码：5629622
	开具红字专用发票理由：销售折让

经办人：段振华　　　　负责人：戴永明　　　　主管税务机关名称（印章）：

注：1.本通知单一式三联：第一联，购买方主管税务机关留存；第二联，购买方送交销售方留存；第三联，购买方留存。
　　2.通知单应与申请单一一对应。
　　3.销售方应在开具红字专用发票后到主管税务机关进行核销。

原始凭证 21-3

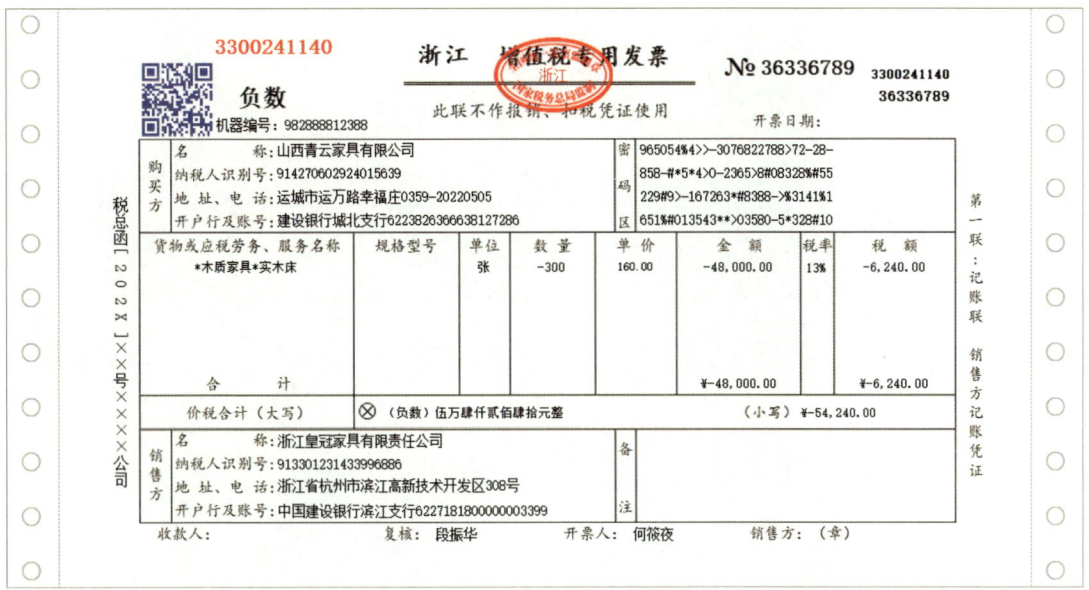

| 3300241140 | 浙江　增值税专用发票 | № 36336789 | 3300241140 36336789 |

负数

机器编号：982888812388

此联不作报销、扣税凭证使用

开票日期：

| 购买方 | 名　称：山西青云家具有限公司
纳税人识别号：914270602924015639
地址、电话：运城市运万路幸福庄0359-20220505
开户行及账号：建设银行城北支行62238263666638127286 | 密码区 | 965054%4>-3076822788>72-28-
858-#*5*4>0-2365>8#08328%#55
229#9>-167263#8388->%3141%1
651%#013543**>03580-5*328#10 |

货物或应税劳务、服务名称	规格型号	单位	数量	单价	金额	税率	税额
*木质家具*实木床		张	-300	160.00	-48,000.00	13%	-6,240.00
合　计					¥-48,000.00		¥-6,240.00

| 价税合计（大写） | ⊗ （负数）伍万肆仟贰佰肆拾元整 | （小写）¥-54,240.00 |

| 销售方 | 名　称：浙江皇冠家具有限责任公司
纳税人识别号：913301231433996886
地址、电话：浙江省杭州市滨江高新技术开发区308号
开户行及账号：中国建设银行滨江支行6227181800000003399 | 备注 | |

收款人：　　　复核：段振华　　　开票人：何筱夜　　　销售方：（章）

原始凭证 22-1

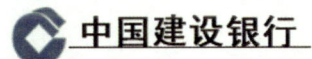

中国建设银行

凭证

业务回单（收款）

日期：　2023　年　12　月　13　日　　　回单编号：87805146608

付款人户名：　宁海市文海商场有限公司　　　付款人开户行：中国建设银行宁海支行

付款人账号（卡号）：6227282209045766600

收款人户名：　浙江皇冠家具有限责任公司　　　收款人开户行：中国建设银行滨江支行

收款人账号（卡号）：6227181800000003399

金额：　肆拾壹万零柒佰陆拾元整　　　　　　　　小写：　¥410,760.00

业务（产品）种类：　结算业务凭证　　凭证种类：2912522728　　凭证号码：14279343019018306

摘要：　货款　　　　　用途：　转账　　　　　币种：　人民币

交易机构：5659952479　　记账柜员：41534　　交易代码：83964　　渠道：柜面

6227181800000003399

本回单为第　1　次打印，注意重复　打印日期：　2023　年　12　月　13　日　打印柜员：5　验证码：192380286186

原始凭证 22-2

3300241140	浙江　增值税专用发票	№ 36336790	3300241140 36336790

此联不作报销、扣税凭证使用　　　　　开票日期：2023年12月13日

机器编号：982888812388

购买方	名　　　称：宁海市文海商场有限公司 纳税人识别号：9133038278392721HL 地址、电话：宁海市南山路2-1号0574-6723378 开户行及账号：建设银行宁海支行622728220904576660 0	密码区	>>132%016877-6%#%*63#%3-25>5 **#9-424387%9*>-#-6-351863 7>0%-4-992>8-4*21#575#7>1314 %0#*06754539%*%%700%##>*#>21

税总函[202X]×××号×××公司

货物或应税劳务、服务名称	规格型号	单位	数量	单价	金额	税率	税额
*木质家具*办公桌		张	200	2,260.00	452,000.00	13%	58,760.00
合　　　计					¥452,000.00		¥58,760.00

价税合计（大写）	⊗ 伍拾壹万零柒佰陆拾元整	（小写）　¥510,760.00

销售方	名　　　称：浙江皇冠家具有限责任公司 纳税人识别号：913301231433996886 地址、电话：浙江省杭州市滨江高新技术开发区308号 开户行及账号：中国建设银行滨江支行6227181800000003399	备注	

收款人：　　　　　复核：段振华　　　　　开票人：何筱夜　　　　　销售方：（章）

第一联：记账联　销售方记账凭证

原始凭证 22-3

出　库　单

出货单位：浙江皇冠家具有限责任公司　　　日期：2023年12月13日　　　　　单号：135545

提货单位（部门）：宁海市文海商场有限公司　　　销售单号：　　　发货仓库：总仓　　　出库日期：2023年12月13日

编码	名称	规格	单位	数量		单价	金额
				应发	实发		
011	办公桌		张	200	200		0.00
合计	人民币（大写）：零元整						¥0.00

部门经理：曾燕琼　　　　　会计：段振华　　　　　仓库：　　　　　经办人：

会计联

原始凭证 23-1

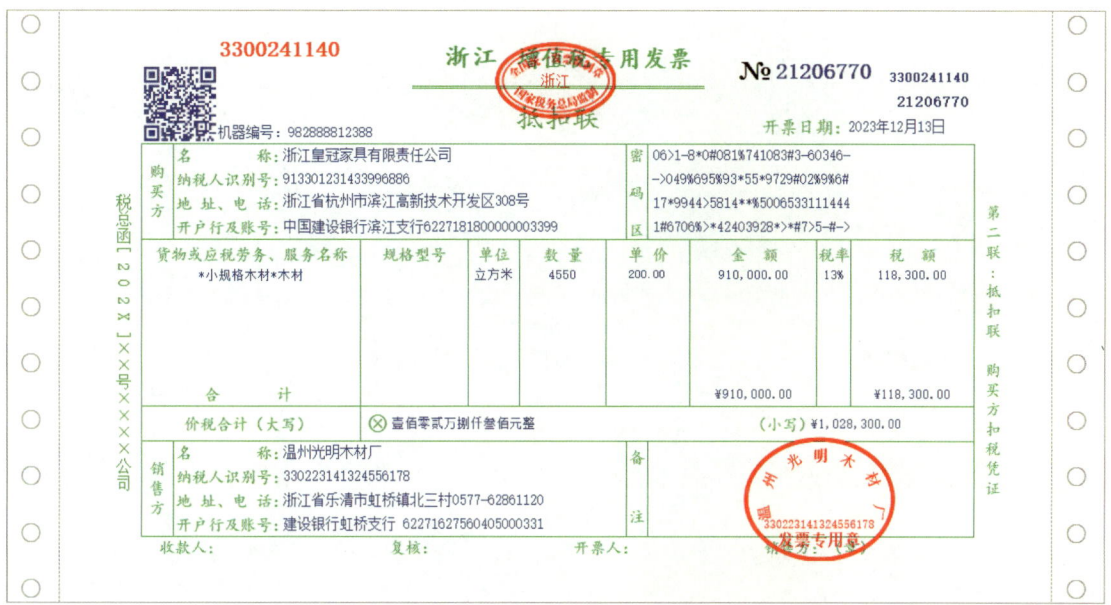

原始凭证 23-2

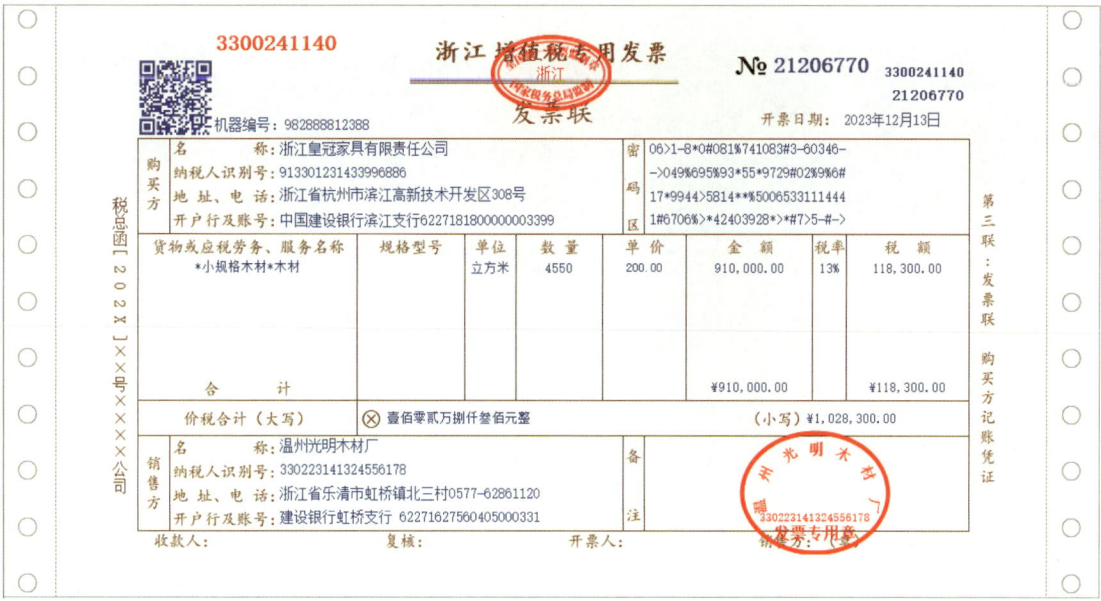

原始凭证 23-3

中国建设银行　　　　　　　　凭　证

业务回单（　付款　）

日期：　2023　年　12　月　13　日　　　回单编号：27185678789

付款人户名：　浙江皇冠家具有限责任公司　　　　付款人开户行：中国建设银行滨江支行

付款人账号（卡号）：6227181800000003399

收款人户名：　温州光明木材厂　　　　　　　　　收款人开户行：中国建设银行虹桥支行

收款人账号（卡号）：62271627560405000331

金额：　壹佰零贰万捌仟叁佰元整　　　　　　　　　　　　　小写：　¥1,028,300.00

业务（产品）种类：　　　　　　凭证种类：　1212979451　　　凭证号码：54559975290844319

摘要：　货款　　　　　　　用途：　转账　　　　　　　　币种：　人民币

交易机构：　4959499102　　记账柜员：　81824　　　交易代码：　76968　　　渠道：

62271627560405000331

本回单为第　1　次打印，注意重复　打印日期：　2023　年　12　月　13　日　打印柜员：1　验证码：023324959362

原始凭证 23-4

材料入库单

发票号码：21206770

供应单位：温州光明木材厂　　　　　　　　　　　　　　　　收料单编号：1203

材料类别：原材料　　　　2023　年　12　月　13　日　　　收料仓库：总仓

编号	名称	规格	单位	数量		实际成本				
				应收	实收	买价		运杂费	合计	单位成本
						单价	金额			
	木材		立方米	4550	4550		0.00		0.00	0.0000
合　计				4550	4550		¥0.00		¥0.00	¥0.0000
备　注										

采购员：　宁伟　　　　检验员：　　　　　　记账员：　段振华　　　　保管员：　邹燕琼

原始凭证 24-1

固定资产验收单

2023 年 12 月 15 日 编号: 137

名称	规格型号	来源	数量	购（造）价	使用年限	预计残值
机床	K-100	外购	1	315,861.13	10	
安装费	月折旧率	建造单位		交工日期		附件
		宁波汉通设备厂		2023年12月15日		
验收部门		验收人员	宁伟	管理部门		管理人员 汤晓明
备注						

审核: 戴永明　　制单: 段振华

原始凭证 24-2

付 款 凭 证

 中国建设银行　网银回单

日期: 2023 年 12 月 15 日　　回单编号: 0625

付款人户名: 浙江皇冠家具有限责任公司		付款人开户行: 中国建设银行滨江支行
付款人账号(卡号): 6227181800000003399		
收款人户名: 宁波汉通设备厂		收款人开户行: 中国建设银行宁海支行
收款人账号(卡号): 6227068010100686809		
金额: 人民币叁拾伍万陆仟玖佰贰拾叁元零捌分		小写: ¥356,923.08
业务(产品)种类: 结算业务凭证　　凭证种类:		凭证号码: 6787654
摘要: 设备款　　用途: 转账		币种: 人民币
交易机构:　　记账柜员:　　交易代码:		渠道:
附言:		
支付交易序号:		
报文种类:　　委托日期:　　业务种类:		
本回单为第 1 次打印, 注意重复 打印日期: 2023.12.15		打印柜员: 专用章验证码:

原始凭证 24-3

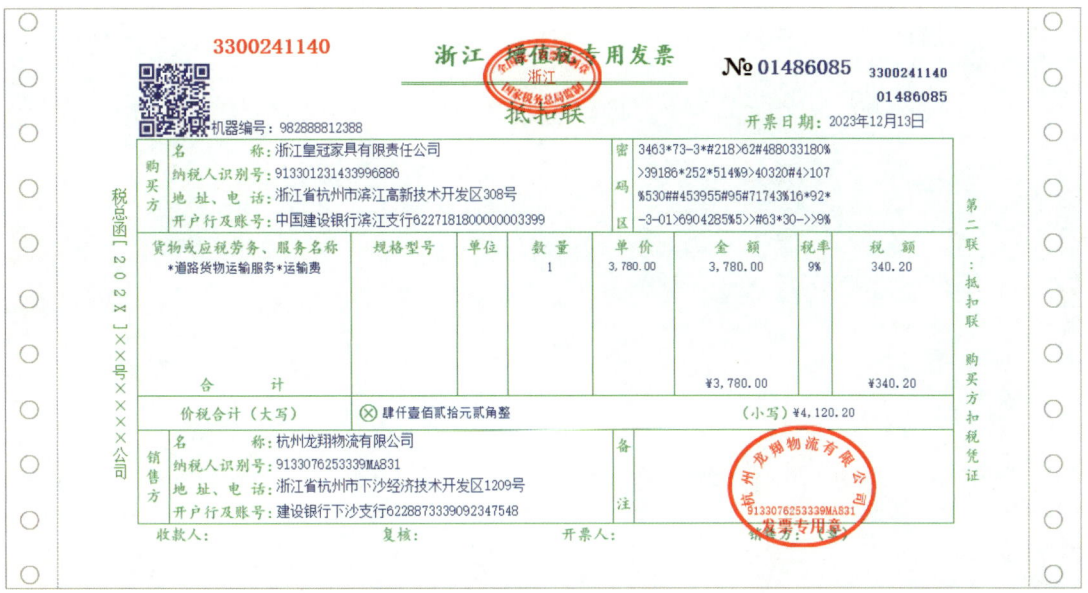

原始凭证 24-4

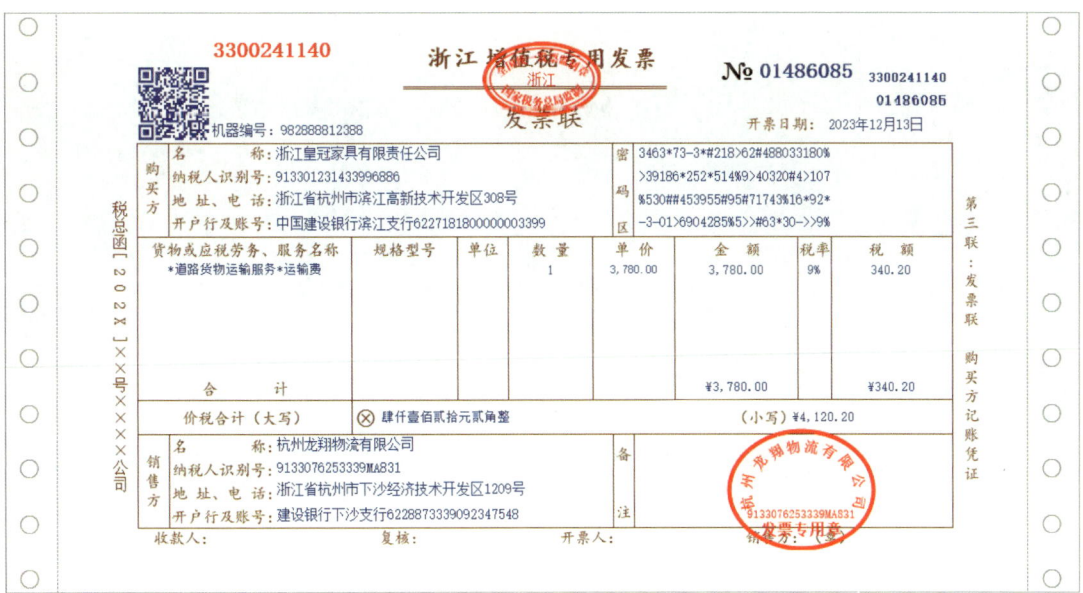

原始凭证 24-5

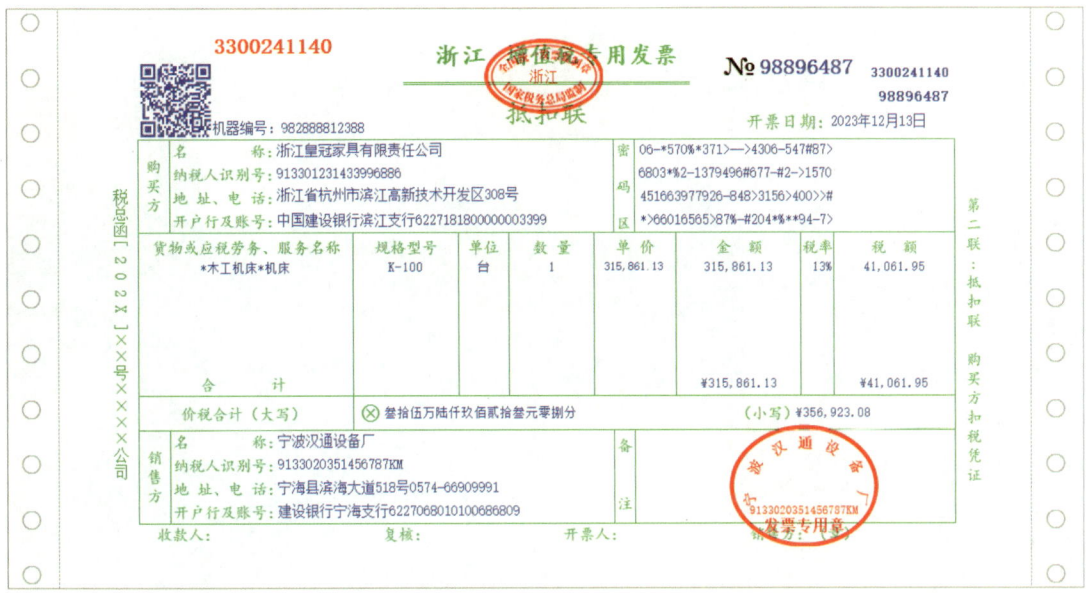

原始凭证 24-6

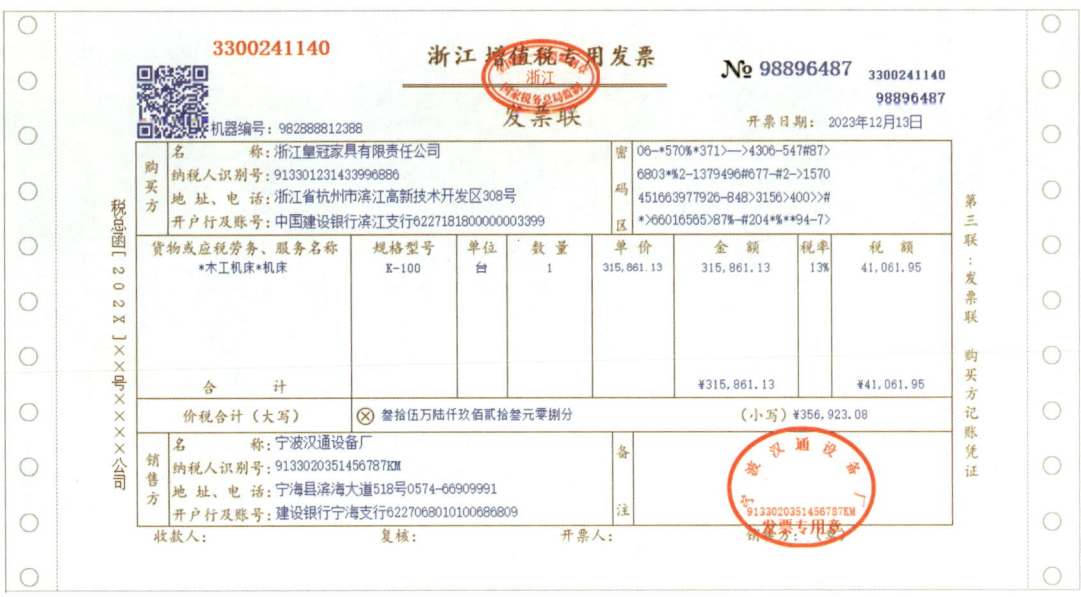

原始凭证 25-1

浙江皇冠家具有限公司工资发放表

所属期间：2023 年 11 月　　　　　　　　　　　　　　　　　　　　　　　　　　　　　　　单位：元

工号	所属部门		姓名	基本工资	加班工资	扣减款项		应发工资	代扣款				个税	实发
						罚款	缺勤		医疗保险	养老保险	失业保险	合计		
1	总经办	总经理	皇甫江	8000				8000	356.96	89.24	22.31	468.51	75.94	7455.55
2	行政部	主任	刘海	6000				6000	356.96	89.24	22.31	468.51	15.94	5515.55
3	财务部	财务经理	戴永明	6000				6000	356.96	89.24	22.31	468.51	15.94	5515.55
4		会计	段振华	5000				5000	356.96	89.24	22.31	468.51		4531.49
5		出纳	何筱夜	4500				4500	356.96	89.24	22.31	468.51		4031.49
6	仓库	保管员	曾燕琼	4450				4450	356.96	89.24	22.31	468.51		3981.49
7	销售部	销售经理	陈笑笑	6000				6000	356.96	89.24	22.31	468.51	15.94	5515.55
8		销售员	吴靓	4900				4900	356.96	89.24	22.31	468.51		4431.49
9	采购部	采购经理	宁伟	5800				5800	356.96	89.24	22.31	468.51		5331.49
10		采购员	郝丽丽	4700				4700	356.96	89.24	22.31	468.51		4231.49
11	生产部	车间主任	汤晓明	5000				5000	356.96	89.24	22.31	468.51		4531.49
12		生产人员（实木床）	张晶晶	5410				5410	356.96	89.24	22.31	468.51		4941.49
13			李和平	5410				5410	356.96	89.24	22.31	468.51		4941.49
14			冯志满	5410				5410	356.96	89.24	22.31	468.51		4941.49
15			张晓斌	4800				4800	356.96	89.24	22.31	468.51		4331.49
16			邓坤	4800				4800	356.96	89.24	22.31	468.51		4331.49
17			林化	4800				4800	356.96	89.24	22.31	468.51		4331.49
18			朱海燕	4800				4800	356.96	89.24	22.31	468.51		4331.49
19			朱军	4800				4800	356.96	89.24	22.31	468.51		4331.49
20			林明	4800				4800	356.96	89.24	22.31	468.51		4331.49
21		生产人员（办公桌）	李小益	5380				5380	356.96	89.24	22.31	468.51		4911.49
22			李七星	5380				5380	356.96	89.24	22.31	468.51		4911.49
23			林小龙	5380				5380	356.96	89.24	22.31	468.51		4911.49
24			范书徐	5380				5380	356.96	89.24	22.31	468.51		4911.49
25			李月	5380				5380	356.96	89.24	22.31	468.51		4911.49
26			黄婷婷	5380				5380	356.96	89.24	22.31	468.51		4911.49
27			李璐芳	5270				5270	356.96	89.24	22.31	468.51		4801.49
28			陈胜	5350				5350	356.96	89.24	22.31	468.51		4881.49
29			陈辉华	5350				5350	356.96	89.24	22.31	468.51		4881.49
30			李丽芳	5320				5320	356.96	89.24	22.31	468.51		4851.49
合计				158950	0	0	0	158950	10708.80	2677.20	669.30	14055.30	123.76	144770.94

原始凭证 25-2

付款凭证

中国建设银行 网银回单

日期: 2023 年 12 月 15 日	回单编号: 4194

付款人户名: 浙江皇冠家具有限责任公司　　　　付款人开户行: 中国建设银行滨江支行

付款人账号(卡号): 6227181800000003399

收款人户名: 　　　　　　　　　　　　　　　收款人开户行:

收款人账号(卡号):

金额: 人民币壹拾肆万肆仟柒佰柒拾元玖角肆分　　　小写: ¥144,770.94

业务(产品)种类: 结算业务凭证	凭证种类:	凭证号码: 354678342
摘要: 发放工资	用途: 转账	币种: 人民币
交易机构:	记账柜员: 09864　交易代码: 35465	渠道:

附言:

支付交易序号:

报文种类:　　　　　　委托日期:　　　　　　业务种类:

本回单为第 1 次打印, 注意重复　　　打印日期: 2023.12.15　　　打印柜员:

原始凭证 26

中国建设银行　　　　　　凭证

电子缴税付款凭证

缴税日期: 2023 年 12 月 15 日	凭证字号: 20200010

纳税人全称及纳税人识别号: 浙江皇冠家具有限责任公司　913301231433996886

付款人全称: 浙江皇冠家具有限责任公司

付款人账号: 6227181800000003399　　　征收机关名称: 杭州滨江区地方税务局

付款人开户行: 中国建设银行滨江支行　　　收款国库(银行)名称:

小写(合计)金额: ¥123.76 元　　　缴款书交易流水号: 73658601

大写(合计)金额: 壹佰贰拾叁元柒角陆分　　税票号码: 1597888277876949998

税(费)种名称	所属日期	实缴金额(单位: 元)
个人所得税	2023.11.01 - 2023.11.30	¥123.76
	-	
	-	
	-	
	-	

第 1 次打印　　　　　　　　　　　　打印时间: 2023 年 12 月 15 日

客户回单联　　　验证码: 413420　　　复核:　　　　记账:

原始凭证 27-1

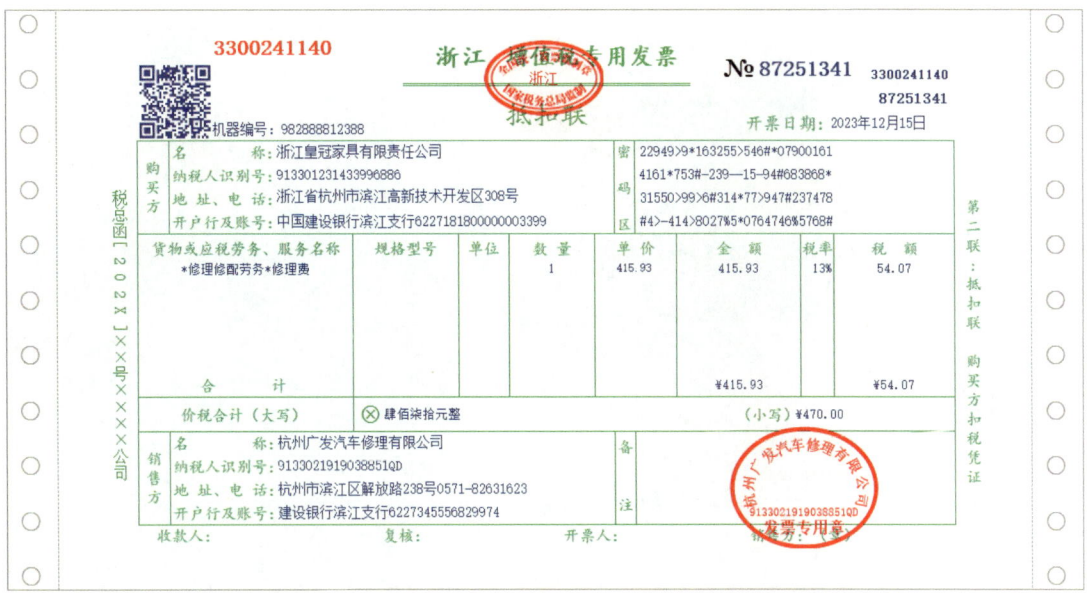

原始凭证 27-2

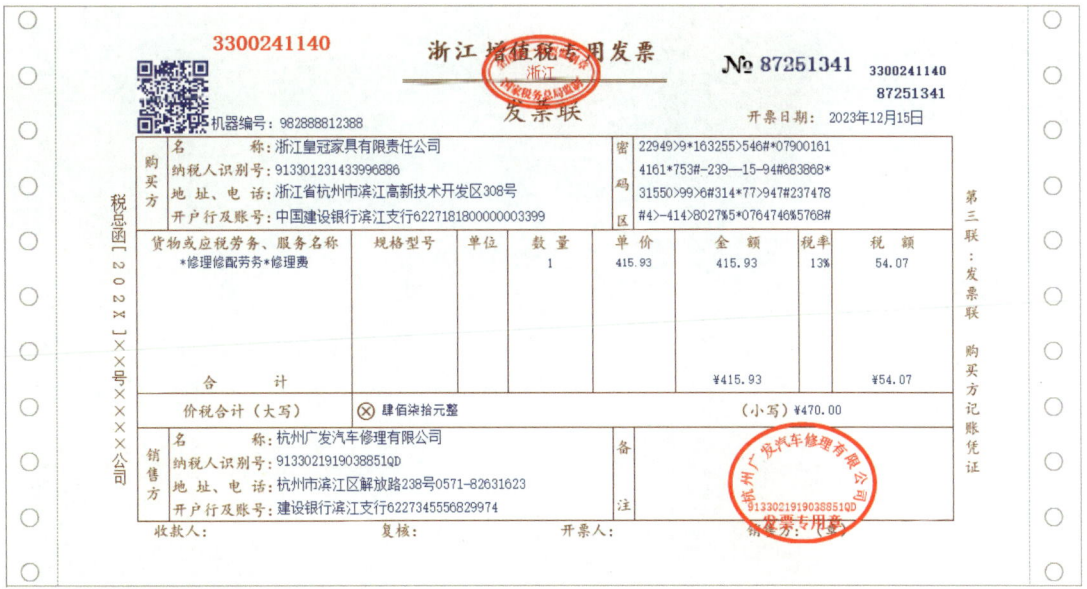

原始凭证 27-3

原始凭证 28-1

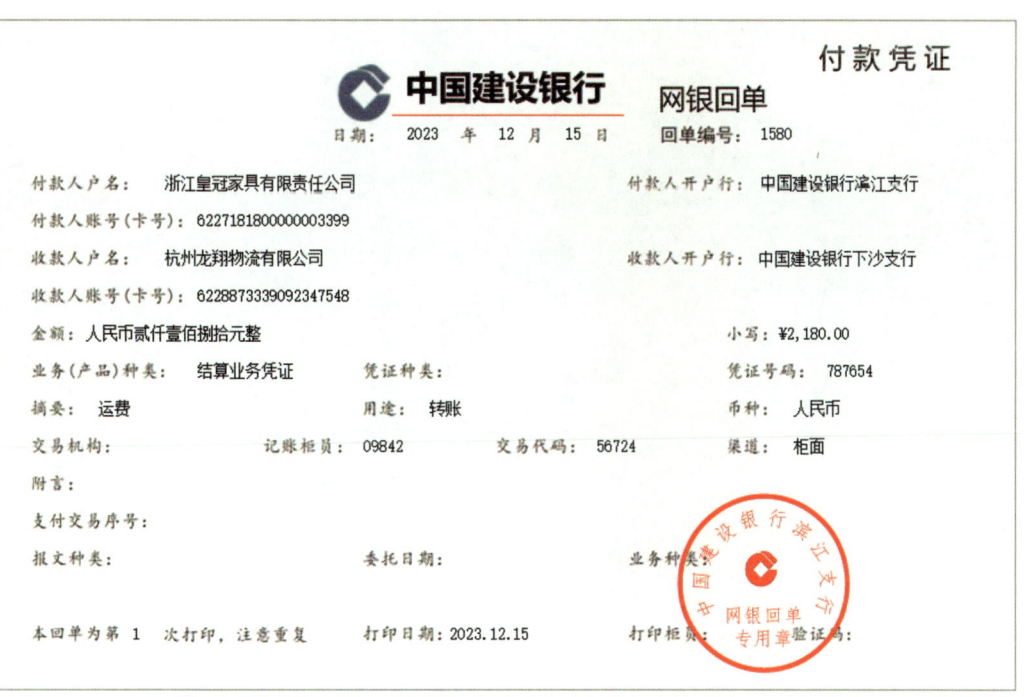

原始凭证 28-2

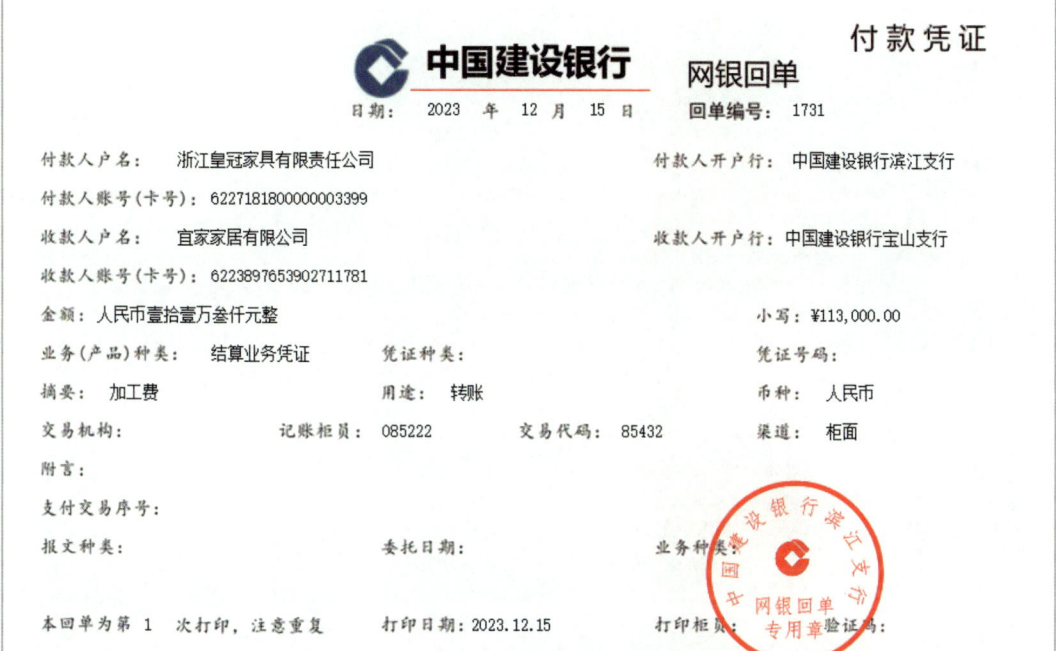

原始凭证 28-3

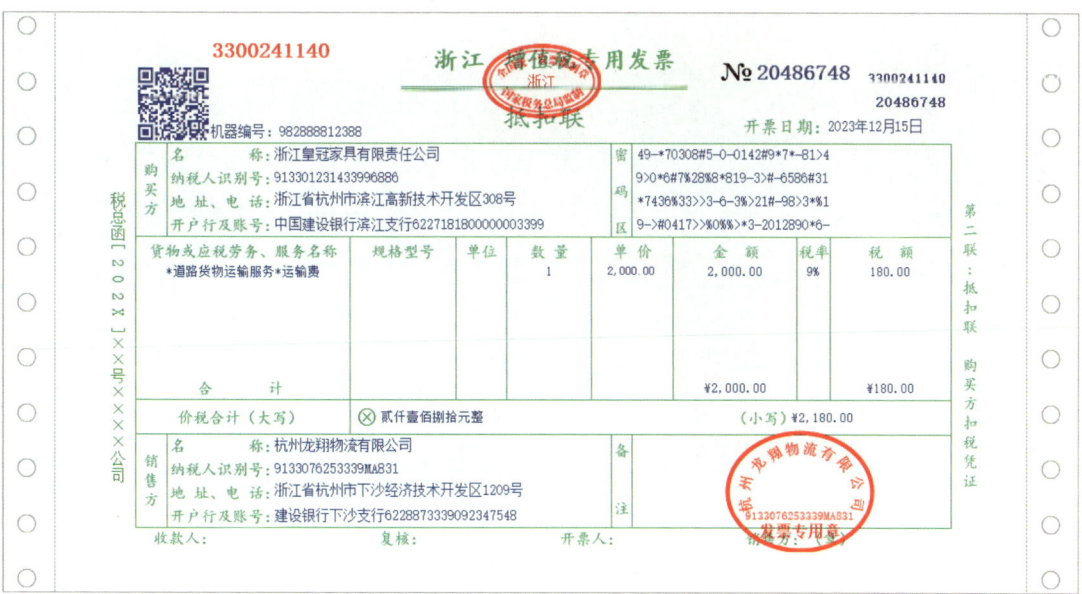

原始凭证 28-4

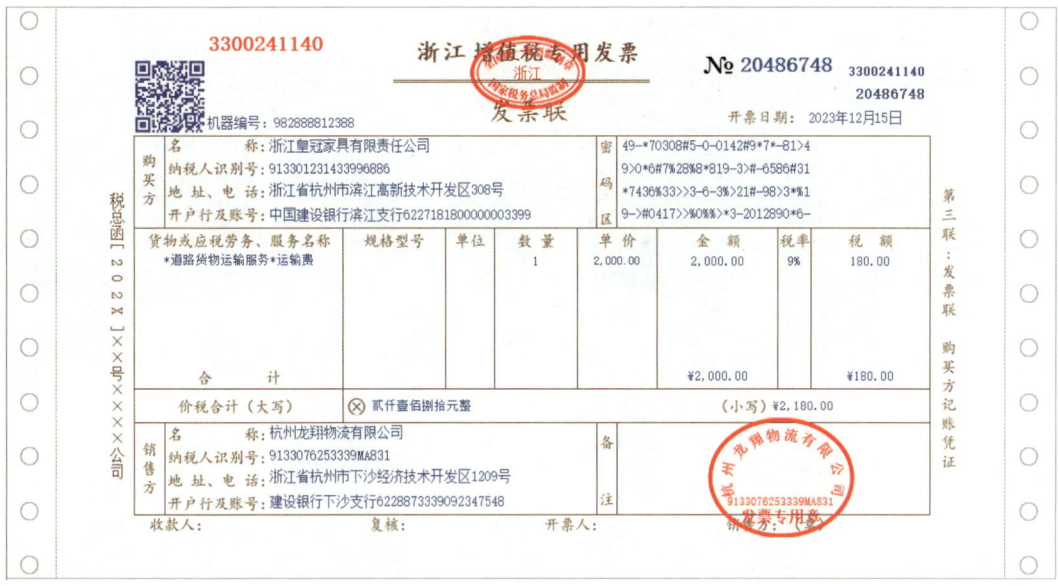

原始凭证 28-5

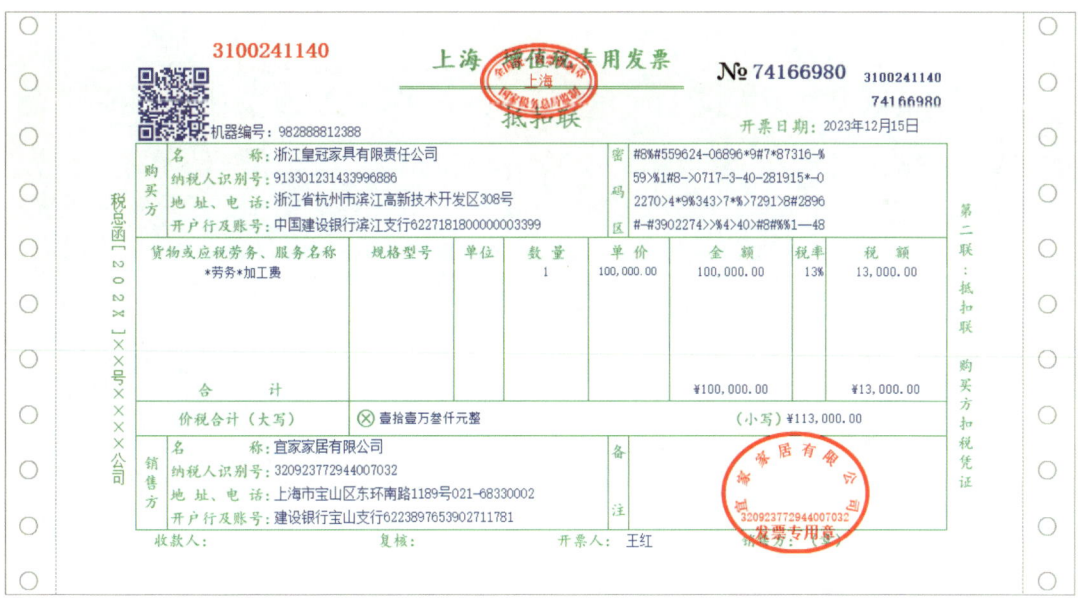

原始凭证 28-6

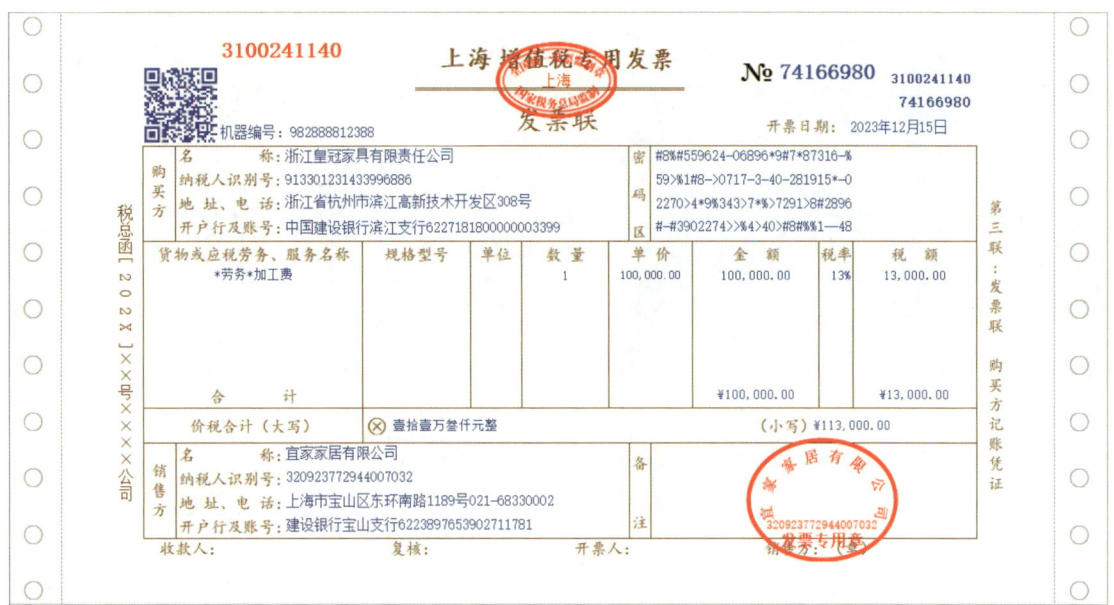

原始凭证 29

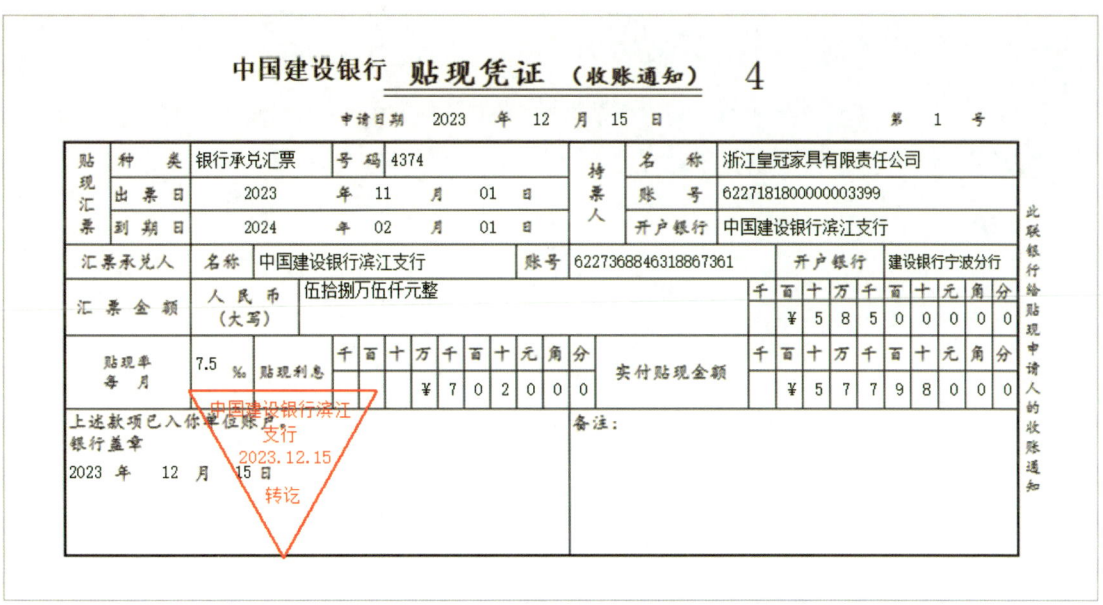

原始凭证 30-1

中国建设银行

凭 证

业务回单（ 收款 ）

日期： 2023 年 12 月 16 日 回单编号： 72426260721

付款人户名：	台州天顶装饰有限公司	付款人开户行：	中国建设银行路桥支行

付款人账号(卡号)：6222678298137929734

收款人户名：	浙江皇冠家具有限责任公司	收款人开户行：	中国建设银行滨江支行

收款人账号(卡号)：6227181800000003399

金额： 壹佰零玖万陆仟壹佰元整		小写： ¥1,096,100.00
业务(产品)种类：	凭证种类： 1474644131	凭证号码： 09790567132560770
摘要： 货款	用途： 转账	币种： 人民币
交易机构： 4111074882	记账柜员： 36164 交易代码： 78484	渠道：

6227181800000003399

本回单为第 1 次打印，注意重复 打印日期： 2023 年 12 月 16 日 打印柜员:6 验证码：058591437401

原始凭证 30-2

出 库 单

出货单位：浙江皇冠家具有限责任公司	日期：2023年12月16日		单号：135546
提货单位（部门）：台州天顶装饰有限公司	销售单号：	发货仓库：总仓	出库日期：2023年12月16日

编码	名称	规格	单位	数量		单价	金额	会
				应发	实发			计
01	书柜		张	200	200		0.00	联
合计	人民币（大写）： 零元整						¥0.00	

部门经理： 曾燕琼	会计： 段振华	仓库： 曾燕琼	经办人：

原始凭证 30-3

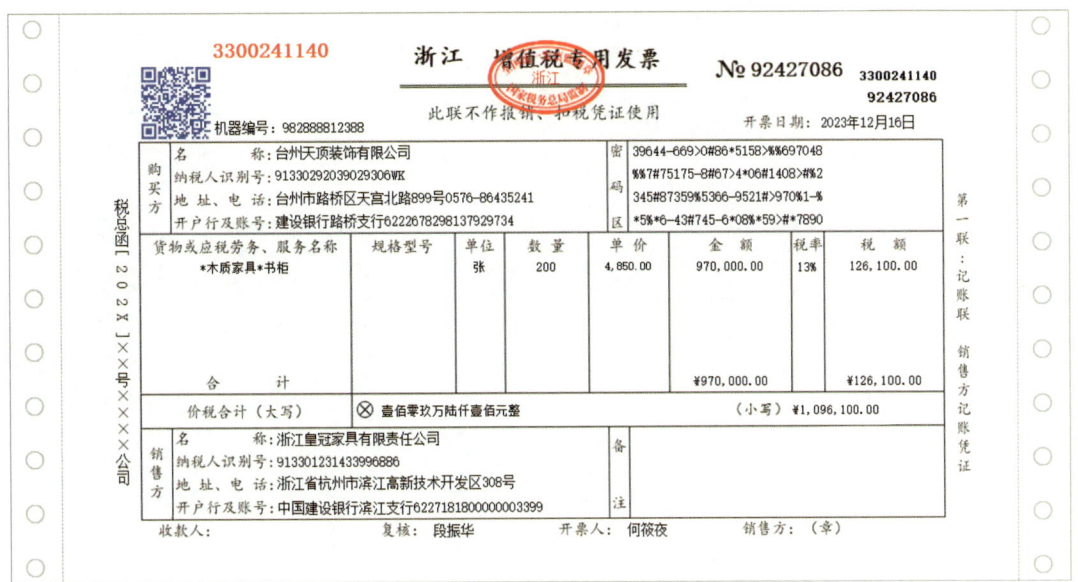

3300241140

浙江　增值税专用发票　№ 92427086　3300241140　92427086

此联不作报销、扣税凭证使用

机器编号：982888812388　　　　　开票日期：2023年12月16日

购买方	名　　称：台州天顶装饰有限公司 纳税人识别号：91330292039029306WK 地址、电话：台州市路桥区天宫北路899号0576-86435241 开户行及账号：建设银行路桥支行6222678298137929734	密码区	39644-669>0#86*5158>%%697048 %%7#75175-8#67)4*06#1408>#%2 345#87359%5366-9521#>970%1-% *5%6-43#745-6*08%*59>#*7890

货物或应税劳务、服务名称	规格型号	单位	数量	单价	金额	税率	税额
*木质家具*书柜		张	200	4,850.00	970,000.00	13%	126,100.00
合　　计					¥970,000.00		¥126,100.00

价税合计（大写）　⊗ 壹佰零玖万陆仟壹佰元整　　　（小写）¥1,096,100.00

销售方	名　　称：浙江皇冠家具有限责任公司 纳税人识别号：913301231433996886 地址、电话：浙江省杭州市滨江高新技术开发区308号 开户行及账号：中国建设银行滨江支行6227181800000003399	备注	

收款人：　　　复核：段振华　　　开票人：何筱夜　　　销售方：（章）

第一联：记账联　销售方记账凭证

税务图[202X]×××号×××××公司

原始凭证 31-1

中国建设银行　　　　　　　凭证

业务回单（付款）

日期：　2023 年　12 月　16 日　　　回单编号：89427329152

付款人户名：　浙江皇冠家具有限责任公司　　　付款人开户行：中国建设银行滨江支行

付款人账号(卡号)：6227181800000003399

收款人户名：　杭州龙翔物流有限公司　　　收款人开户行：建设银行下沙支行

收款人账号(卡号)：6228873339092347548

金额：　壹万零玖佰元整　　　　　　　　　小写：　¥10,900.00

业务(产品)种类：　结算业务凭证　　凭证种类：7457134597　　凭证号码：16891526563185209

摘要：　运输费　　　用途：　转账　　　　币种：　人民币

交易机构：0084654238　记账柜员：42266　交易代码：37210　　渠道：

6228873339092347548

本回单为第 1 次打印，注意重复　打印日期：　2023 年　12 月　16 日　打印柜员:7　　验证码:646750463095

原始凭证 31-2

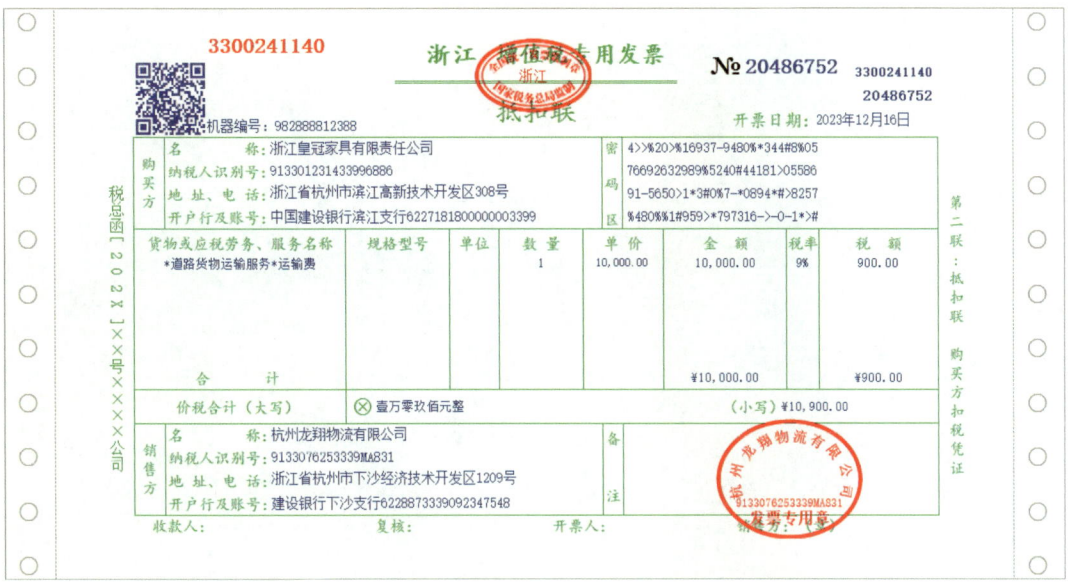

原始凭证 31-3

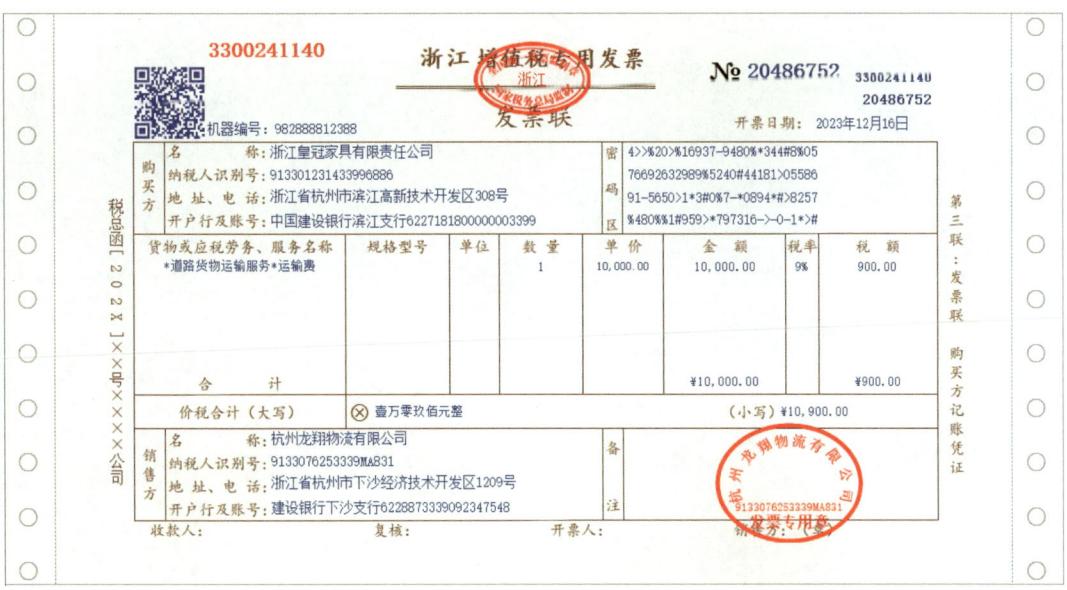

原始凭证 32-1

中国建设银行　　　　　　　　　凭 证

业务回单 （ 付款 ）

日期： 2023 年 12 月 16 日　　回单编号： 22269262464

付款人户名：　浙江皇冠家具有限责任公司　　　付款人开户行：中国建设银行滨江支行

付款人账号（卡号）：6227181800000003399

收款人户名：　浙江宝莱知识产权有限公司　　　收款人开户行：建设银行桂园支行

收款人账号（卡号）：6227110120100102669

金额：　壹拾肆万壹仟叁佰元整　　　　　　　　　小写：　¥141,300.00

业务（产品）种类：　结算业务凭证　　凭证种类：　8007127820　　凭证号码：　22491459987243698

摘要：　专利费　　　　　　用途：　转账　　　　　　币种：　人民币

交易机构：　1744657571　　记账柜员：　59866　　交易代码：　44800　　渠道：　柜面

6227110120100102669

本回单为第 1 次打印，注意重复　打印日期： 2023 年 12 月 16 日 打印柜员：8　　验证码：712749796335

原始凭证 32-2

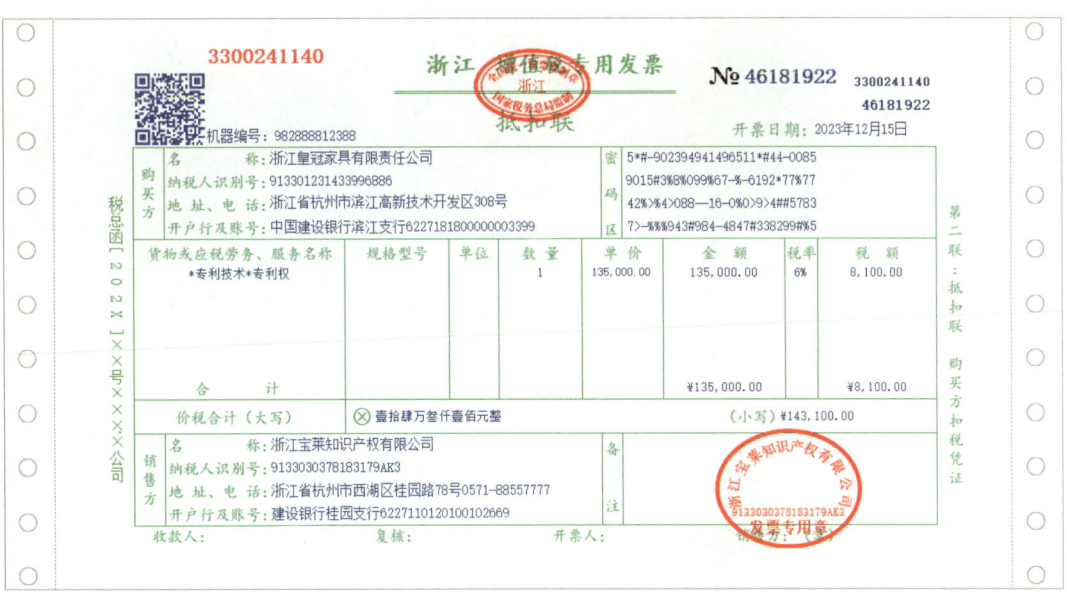

原始凭证 32-3

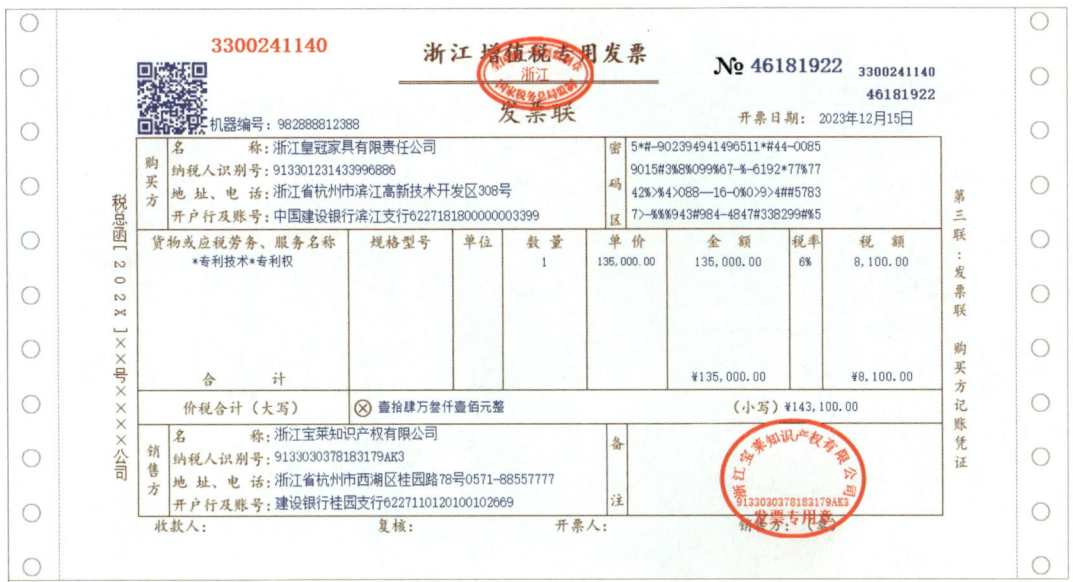

原始凭证 33-1

中国建设银行滨江支行（贷款）还款记录单

还款日期： 2023 年 12 月 19 日

借款人名	浙江皇冠家具有限责任公司	原借款凭证	银行编号	533800762428	
			借款金额	490,000.00	万元
放款户账号	6227181800000003399		借款日期	2023年06月19日	
结算户账号	0519687555135832443		约定还款日期	2023 年 12 月 19 日	

本次为第 1 次还款，还款金额为 490,000.00 万元，该笔借款尚欠 0.00 万元。

还款人（盖章）

银行信贷部门（盖章）

中国建设银行
2023.12.19
转讫

原始凭证 33-2

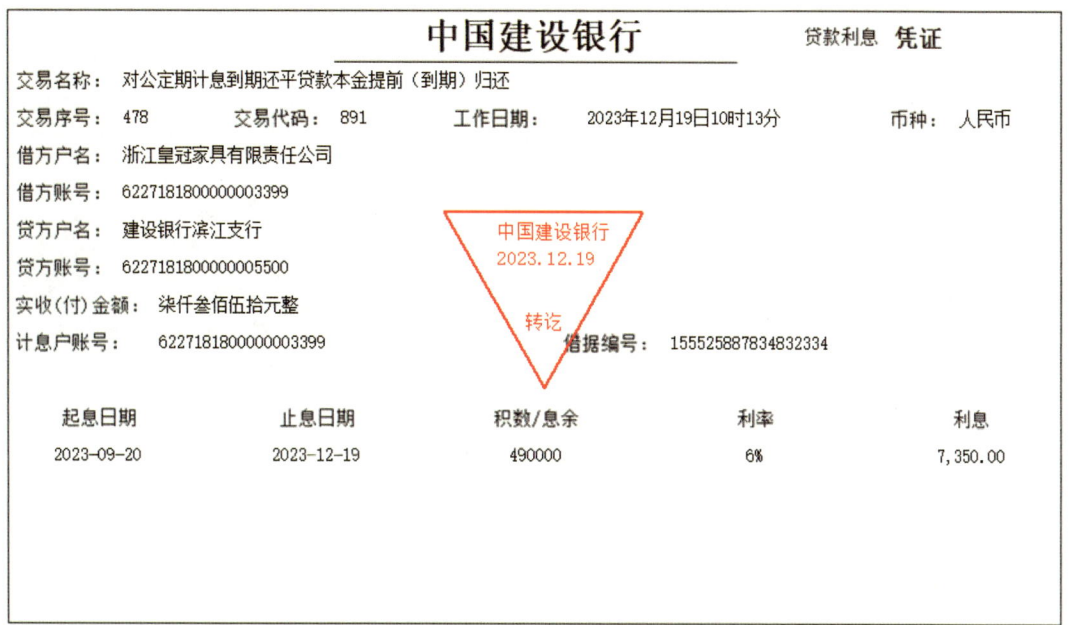

中国建设银行

贷款利息 **凭证**

交易名称： 对公定期计息到期还平贷款本金提前（到期）归还

交易序号： 478	交易代码： 891	工作日期： 2023年12月19日10时13分	币种： 人民币

借方户名： 浙江皇冠家具有限责任公司

借方账号： 6227181800000003399

贷方户名： 建设银行滨江支行

贷方账号： 6227181800000005500

实收(付)金额： 柒仟叁佰伍拾元整

计息户账号： 6227181800000003399

中国建设银行
2023.12.19
转讫

借据编号： 155525887834832334

起息日期	止息日期	积数/息余	利率	利息
2023-09-20	2023-12-19	490000	6%	7,350.00

原始凭证 34-1

材料入库单

发票号码：67560560

供应单位：张三五金经营部

收料单编号： 1204

材料类别：   2023 年 12 月 21 日

收料仓库： 总仓

编号	名称	规格	单位	数量		实际成本				
				应收	实收	买价		运杂费	合计	单位成本
						单价	金额			
01	五金配件		套	500	500		0.00		0.00	0.0000
02	胶粘剂		支	500	500		0.00		0.00	0.0000
	合 计			1000	1000		¥0.00		¥0.00	¥0.0000
	备 注									

采购员： 宁伟   检验员：   记账员： 段振华   保管员： 曾燕琼

原始凭证 34-2

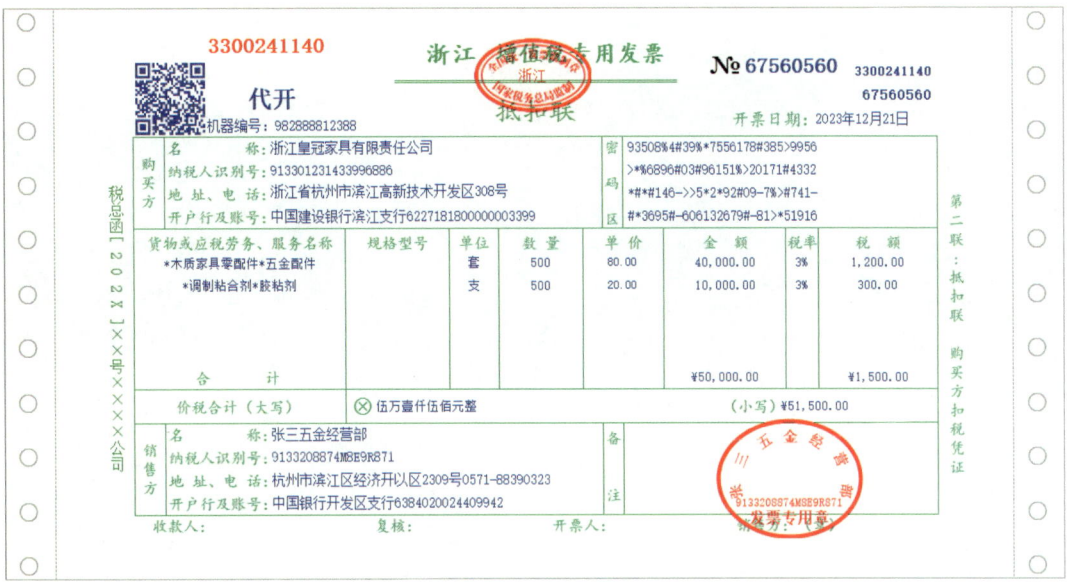

原始凭证 34-3

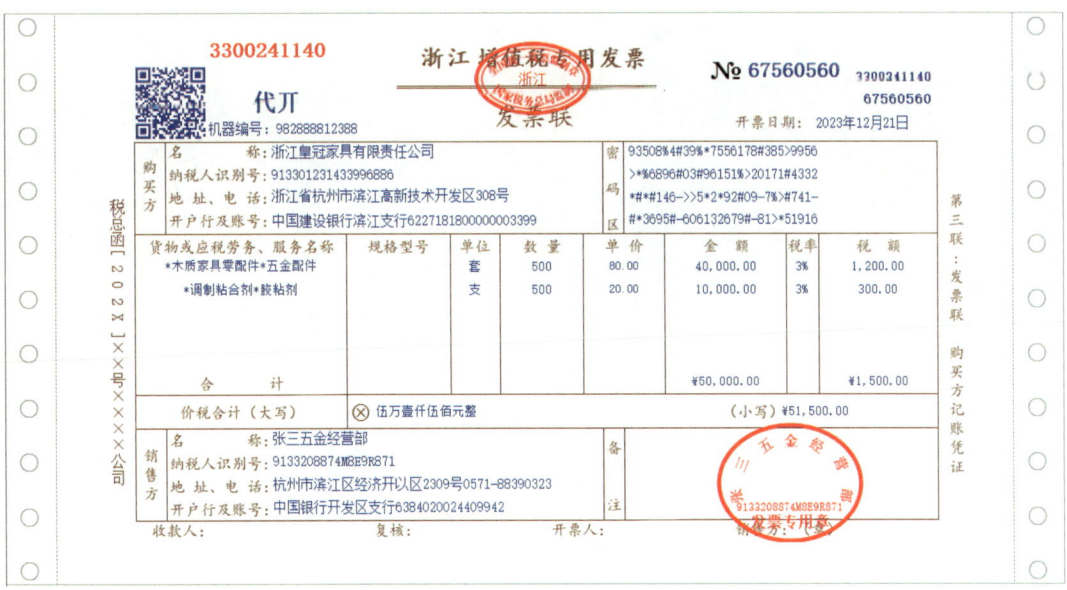

原始凭证 34-4

中国建设银行　　网银回单　　　　**付款凭证**

日期：　2023　年　12　月　21　日　　　　回单编号：　2136

付款人户名：　浙江皇冠家具有限责任公司	付款人开户行：　中国建设银行滨江支行
付款人账号(卡号)：6227181800000003399	
收款人户名：　张三五金经营部	收款人开户行：　中国银行开发区支行
收款人账号(卡号)：6384020024409942	
金额：　人民币伍万壹仟伍佰元整	小写：　¥51,500.00
业务(产品)种类：　结算业务凭证　凭证种类：89099000	凭证号码：　0009888
摘要：　货款　　　用途：　转账	币种：　人民币
交易机构：　　　记账柜员：　　交易代码：	渠道：
附言：	
支付交易序号：	
报文种类：　　　委托日期：　　业务种类：	

本回单为第　1　次打印，注意重复　　打印日期：2023.12.21　　打印柜员：

原始凭证 35-1

中国建设银行　　　　　　　　　　　　**凭证**

业务回单（ 收款 ）

日期：　2023　年　12　月　23　日　　　　回单编号：69160239879

付款人户名：　台州大顶装饰有限公司	付款人开户行：　建设银行路桥支行
付款人账号(卡号)：6222678298137929734	
收款人户名：　浙江皇冠家具有限责任公司	收款人开户行：　中国建设银行滨江支行
收款人账号(卡号)：6227181800000003399	
金额：　壹万叁仟伍佰陆拾元整	小写：　¥13,560.00
业务(产品)种类：　结算业务凭证　凭证种类：0149041045	凭证号码：96535436280907383
摘要：　货款　　　用途：　转账	币种：　人民币
交易机构：3885461796　记账柜员：23809　交易代码：65229	渠道：　柜面
6227181800000003399	

本回单为第　1　次打印，注意重复　打印日期：　2023　年　12　月　23　日　打印柜员：5　　验证码：925931128885

原始凭证 35-2

3300241140	浙江　增值税专用发票	№92427087	3300241140 92427087

此联不作报销、扣税凭证使用　　　　　开票日期：2023年12月23日

机器编号：982888812388

购买方	名　称：台州天顶装饰有限公司	密 码 区	#8968#96*93516999-#7460#0515 1>196-68498140191*7077-#05#5 7>064#*898*08275098**747>32% >>0970>7289%%671>4*926>30889
	纳税人识别号：91330292039029306WK		
	地　址、电话：台州市路桥区天宫北路899号0576-86435241		
	开户行及账号：建设银行路桥支行6222678298137929734		

货物或应税劳务、服务名称	规格型号	单位	数量	单价	金　额	税率	税　额
*木质家具零配件*五金配件		套	100	90.00	9,000.00	13%	1,170.00
*调制粘合剂*胶粘剂		支	100	30.00	3,000.00	13%	390.00
合　　计					¥12,000.00		¥1,560.00
价税合计（大写）	⊗壹万叁仟伍佰陆拾元整				（小写）¥13,560.00		

销售方	名　称：浙江皇冠家具有限责任公司	备注
	纳税人识别号：913301231433996886	
	地　址、电话：浙江省杭州市滨江高新技术开发区308号	
	开户行及账号：中国建设银行滨江支行6227181800000003399	

收款人：　　　　复核：段振华　　　　开票人：何筱夜　　　　销售方：（章）

第一联：记账联　销售方记账凭证

税地图[202X]××号×××公司

原始凭证 35-3

出　库　单

出货单位：浙江皇冠家具有限责任公司　　　日期：2023年12月23日　　　单号：135547

提货单位（部门）：台州天顶装饰有限公司　　　销售单号：　　　发货仓库：总仓　　　出库日期：2023年12月23日

编码	名称	规格	单位	数量		单价	金额
				应发	实发		
01	五金配件		套	100	100		0.00
02	胶粘剂		支	100	100		0.00
合计	人民币（大写）：零元整						¥0.00

部门经理：曾燕琼　　　会计：段振华　　　仓库：　　　经办人：

会计联

原始凭证 36-1

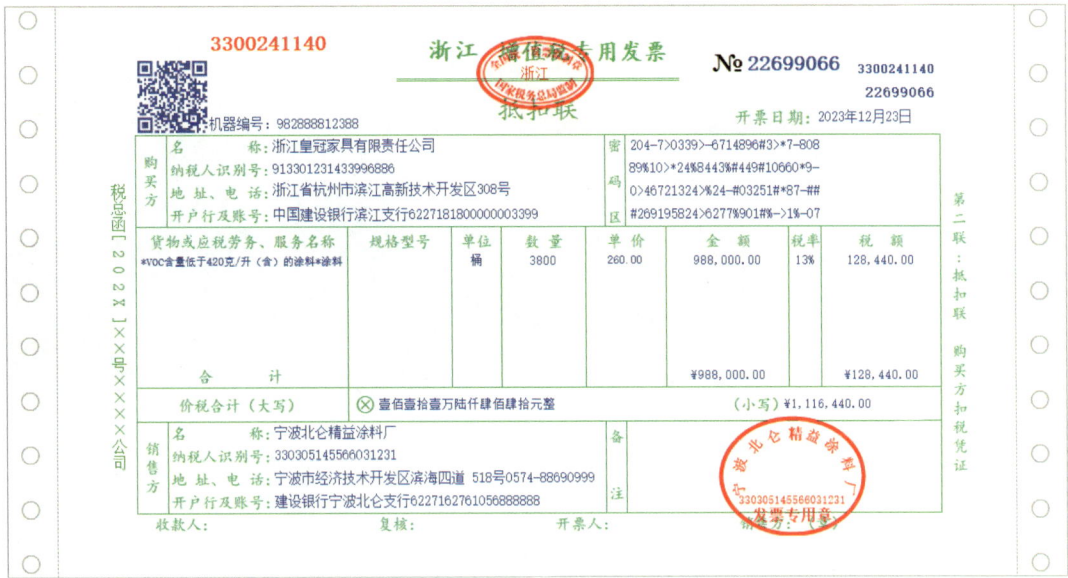

原始凭证 36-2

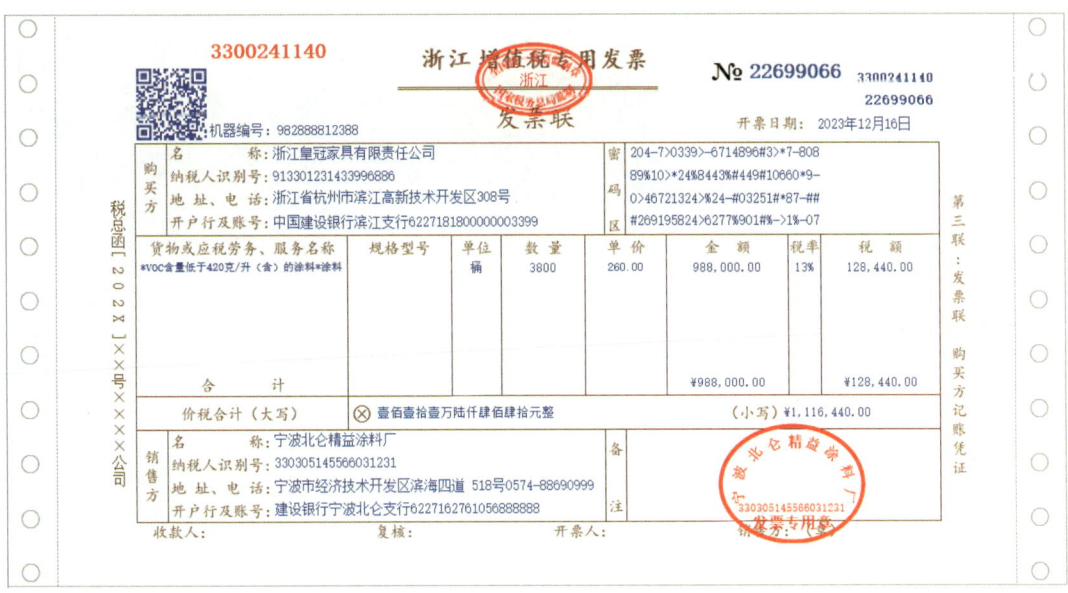

原始凭证 36-3

中国建设银行

凭证

业务回单（付款）

日期： 2023 年 12 月 16 日   回单编号： 91214600006

付款人户名： 浙江皇冠家具有限责任公司	付款人开户行： 中国建设银行滨江支行

付款人账号(卡号)： 6227181800000003399

收款人户名： 宁波北仑精益涂料厂	收款人开户行： 建设银行宁波北仑支行

收款人账号(卡号)： 6227162761056888888

金额： 伍拾贰万捌仟捌佰肆拾元整   小写： ¥528,840.00

业务(产品)种类： 结算业务凭证   凭证种类： 8635862682   凭证号码： 28688807516523364

摘要： 货款   用途： 转账   币种： 人民币

交易机构： 1362292323   记账柜员： 55042   交易代码： 49097   渠道：

6227162761056888888

本回单为第 1 次打印，注意重复   打印日期： 2023 年 12 月 16 日   打印柜员：8   验证码：764613272528

原始凭证 37-1

中国建设银行

网银回单

付款凭证

日期： 2023 年 12 月 25 日   回单编号： 7944

付款人户名： 浙江皇冠家具有限责任公司	付款人开户行： 中国建设银行滨江支行

付款人账号(卡号)： 6227181800000003399

收款人户名： 杭州海天广告有限公司	收款人开户行： 建设银行杭州分行

收款人账号(卡号)： 6227107125647895123

金额： 人民币肆万零贰佰捌拾元整   小写： ¥40,280.00

业务(产品)种类： 结算业务凭证   凭证种类： 87999000000   凭证号码： 345322146

摘要： 广告费   用途： 转账   币种： 人民币

交易机构：   记账柜员：   交易代码：   渠道：

附言：

支付交易序号：

报文种类：   委托日期：   业务种类：

本回单为第 1 次打印，注意重复   打印日期：2023.12.25   打印柜员： 验证码：

原始凭证 37-2

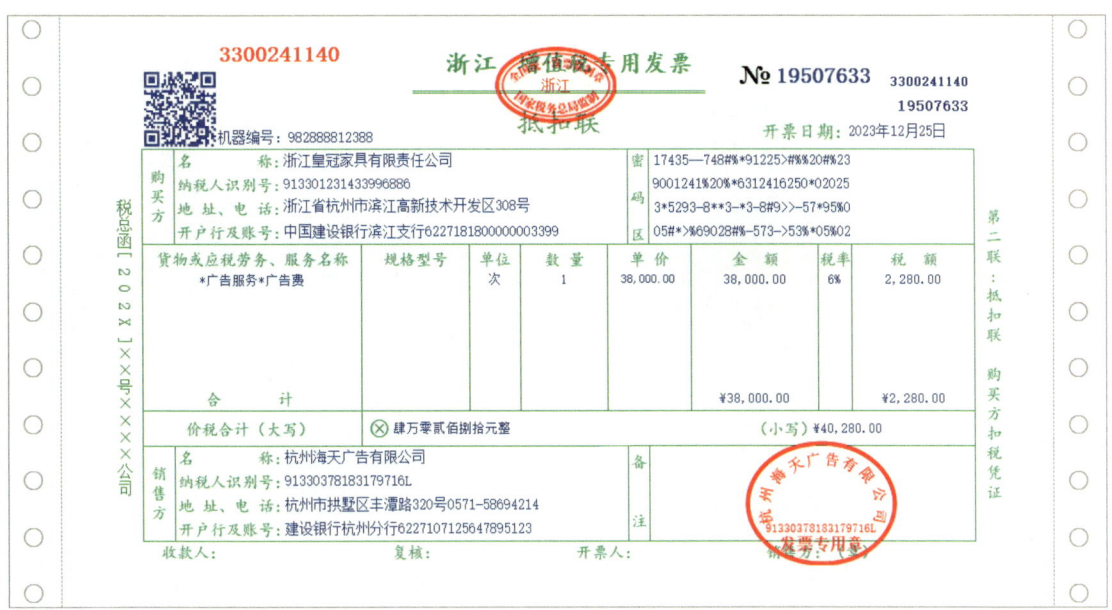

原始凭证 37-3

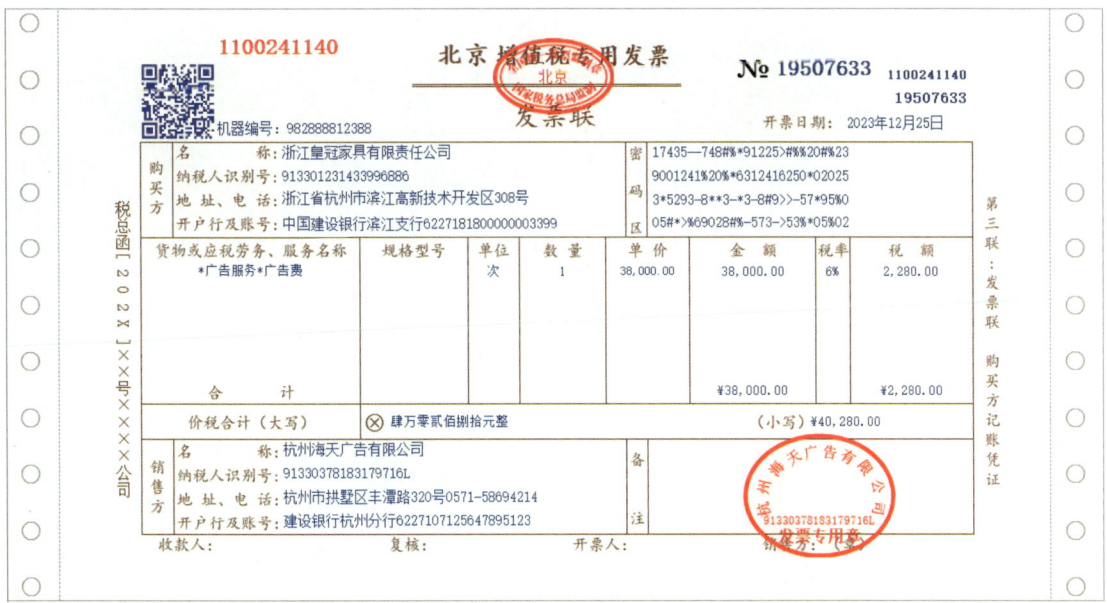

原始凭证 38

中国建设银行

凭　证

业务回单 （ 收款 ）

日期： 2023 年 12 月 25 日　　　　回单编号： 52224800494

付款人户名：　乐清伟东商场有限公司　　　　　付款人开户行： 建设银行白象支行

付款人账号（卡号）： 6227282209045766609

收款人户名：　浙江皇冠家具有限责任公司　　　　收款人开户行： 中国建设银行滨江支行

收款人账号（卡号）： 6227181800000003399

金额：　壹佰万捌仟元整　　　　　　　　　　　小写：　¥1,008,000.00

业务（产品）种类：　结算业务凭证　　　凭证种类： 5726882621　　　凭证号码： 89698007805290560

摘要：　货款　　　　　　用途：　转账　　　　　　　币种：　人民币

交易机构：　8463312362　　记账柜员： 26963　　交易代码： 11007　　　渠道：　柜面

6227181800000003399

本回单为第 1 次打印，注意重复　打印日期： 2023 年 12 月 25 日 打印柜员：5　验证码：483716276415

原始凭证 39

材料入库单

发票号码：22699066

供应单位：宁波北仑精益涂料厂

材料类别：

收料单编号：1205

收料仓库：总仓

2023 年 12 月 26 日

| 编号 | 名称 | 规格 | 单位 | 数量 | | 实际成本 | | | | |
| | | | | 应收 | 实收 | 买价 | | 运杂费 | 合计 | 单位成本 |
						单价	金额			
1	涂料		桶	3800	3800		0.00		0.00	0.0000
合　　　计				3800	3800		¥0.00		¥0.00	¥0.0000
备　　　注										

采购员：宁伟　　　检验员：　　　　　记账员：段振华　　　保管员：曾燕琼

原始凭证 40

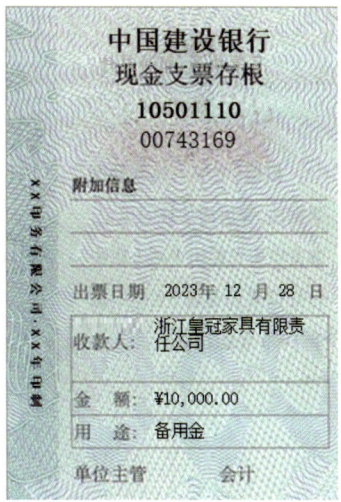

中国建设银行
现金支票存根
10501110
00743169

附加信息

出票日期 2023年12月28日

收款人：浙江皇冠家具有限责任公司

金额：¥10,000.00

用途：备用金

单位主管 会计

原始凭证 41

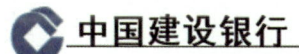

中国建设银行

凭证

业务回单（ 收款 ）

日期：2023 年 12 月 28 日　　回单编号：70551108228

付款人户名：　乐清伟东商场有限公司　　　付款人开户行：建设银行白象支行

付款人账号（卡号）：6227282209045766609

收款人户名：　浙江皇冠家具有限责任公司　　收款人开户行：中国建设银行滨江支行

收款人账号（卡号）：6227181800000003399

金额：　壹拾柒万元整　　　　　　　　　　　　　　　小写：　　¥170,000.00

业务(产品)种类：　结算业务凭证　　凭证种类：6559622404　　凭证号码：07915405729440648

摘要：　货款　　　　　用途：　转账　　　　　币种：　人民币

交易机构：9196042145　记账柜员：33280　　交易代码：28334　　渠道：
6227181800000003399

本回单为第 1 次打印，注意重复　打印日期：2023 年 12 月 28 日 打印柜员：6　验证码：557999254757

原始凭证 42

中国建设银行

凭 证

业务回单（付款）

日期：　2023　年　12　月　28　日　　　　回单编号：32505958183

付款人户名：　浙江皇冠家具有限责任公司　　　　付款人开户行：中国建设银行滨江支行

付款人账号(卡号)：6227181800000003399

收款人户名：　宁波北仑精益涂料厂　　　　收款人开户行：建设银行宁波北仑支行

收款人账号(卡号)：6227162761056888888

金额：　陆拾万捌仟肆佰元整　　　　　　　　　　小写：　　¥608,400.00

业务(产品)种类：　结算业务凭证　　凭证种类：7482513976　　凭证号码：68860255594199574

摘要：　货款　　　　　　用途：　转账　　　　　　币种：　人民币

交易机构：0029933627　　记账柜员：95234　　交易代码：37654　　渠道：柜面

6227162761056888888

本回单为第　1　次打印，注意重复　打印日期：　2023　年　12　月　28　日　打印柜员:2　验证码：649288311927

原始凭证 43

中国建设银行滨江支行 计付利息(收账通知)

2023　年　12　月　29　日

客户号	5633830363		结算账号	9865858431950327489	
单位名称：	浙江皇冠家具有限责任公司				
计息起讫日期	2023年11月28日	至		2023年12月29日	
正常本金/积数	2608000.98	利率	2.25%	利息	4,890.00
逾期本金/积数		利率		利息	
欠　息/积数		利率		利息	
币　种	人民币	利息总金额			4,890.00

银行盖章：

中国建设银行滨江支行 2023.12.29 转讫

原始凭证 44-1

水费分配表

2023年12月

部门	用水量（吨）	单价（元/吨）	分配金额（元）
生产车间			
管理部门			
合计			

制表人：何莜液　　　　　　复核人：段振华

原始凭证 44-2

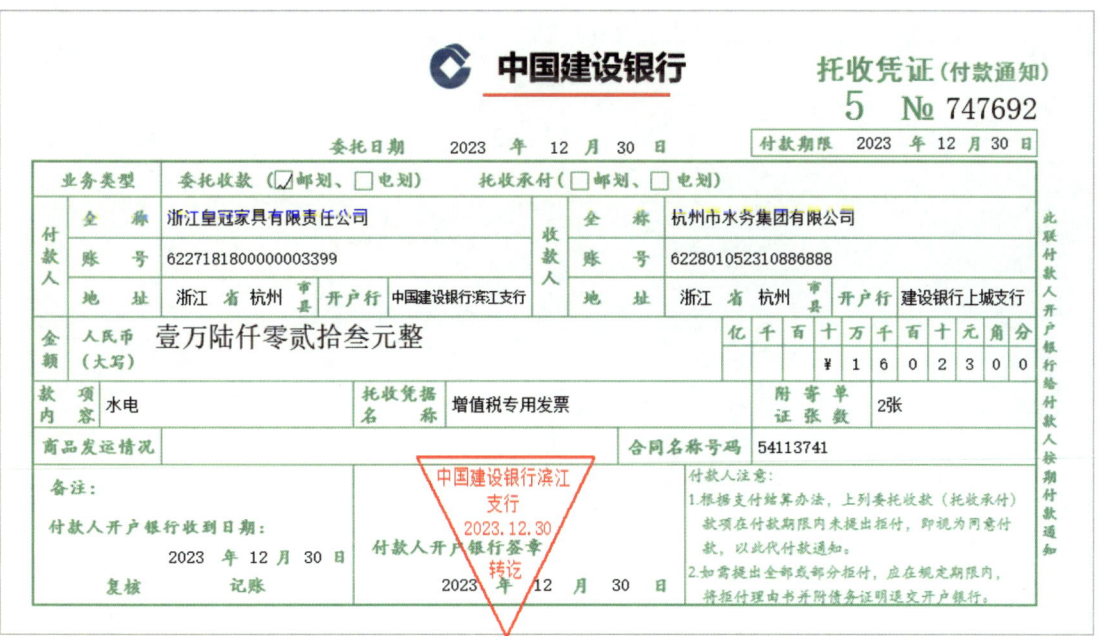

原始凭证 44-3

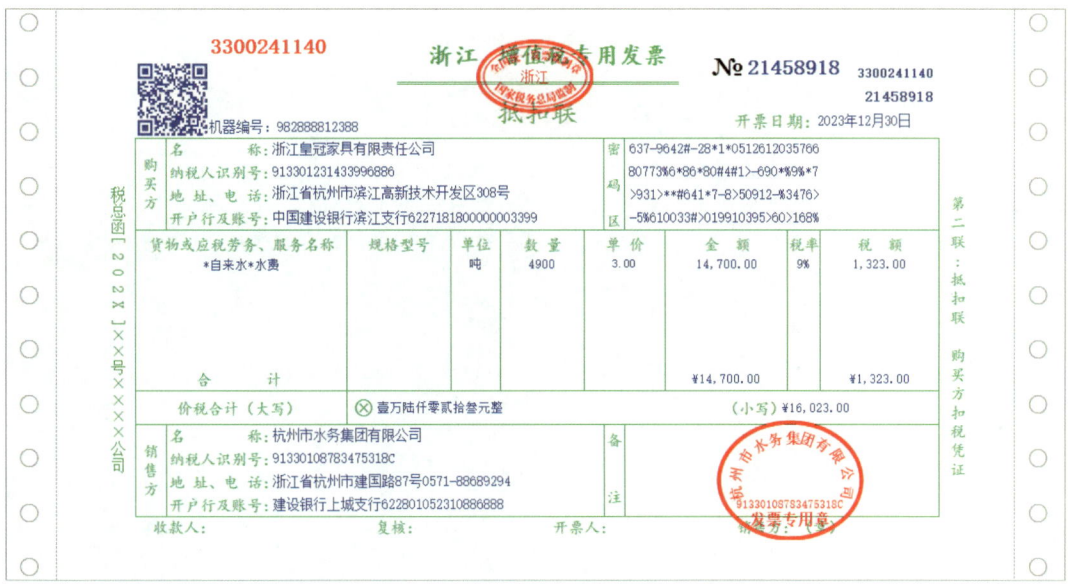

原始凭证 44-4

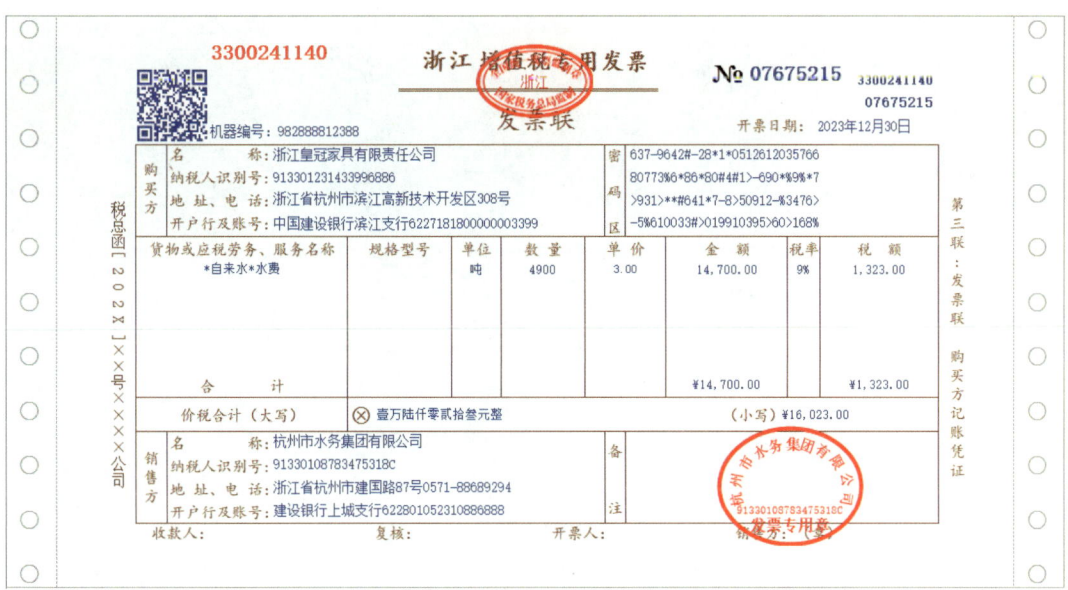

原始凭证 45-1

电费分配表

2023年12月

部门	用电量（度）	单价（元/度）	分配金额（元）
生产车间			
管理部门			
合计			

制表人：何莜液　　　　　复核人：段振华

原始凭证 45-2

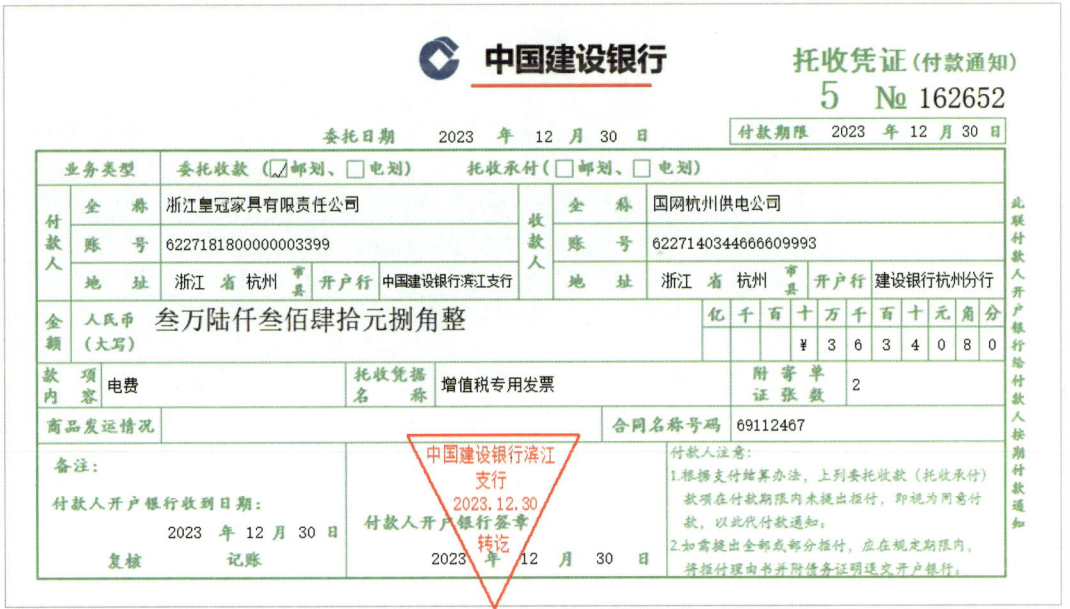

原始凭证 45-3

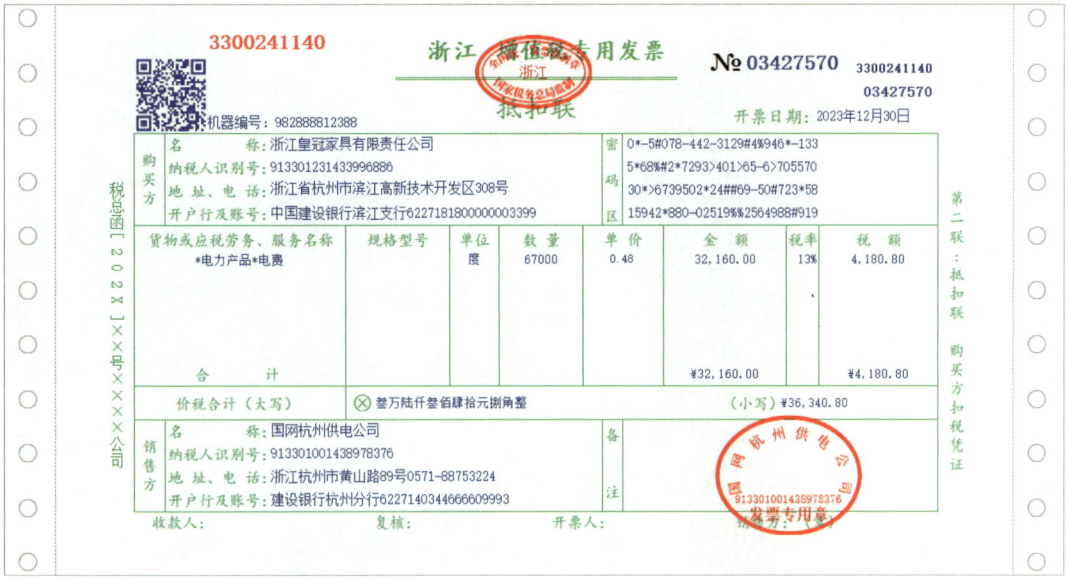

原始凭证 45-4

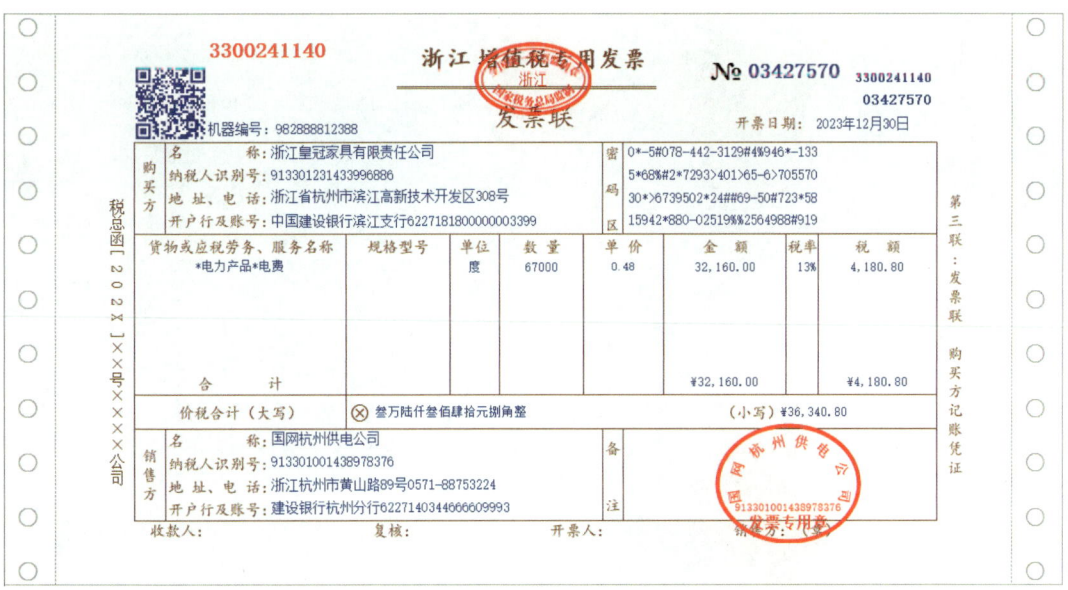

原始凭证 46

应付利息计算表

2023年12月31日 单位：元

借款银行	借款金额	月利息率	应付利息额
合 计			

原始凭证 47

无形资产摊销

2023年12月31日 单位：元

费用项目	无形资产原值	摊销起讫期限	每月摊销额
合 计			

原始凭证 48

固定资产折旧计提表

2023年12月31日 单位：元

使用部门	固定资产名称	购入时间	单位	数量	原始价值	使用年限	净残值（5%）	月折旧额
生产部	电脑	2022.05	台	2	9000.00	3	450.00	
	切割机	2021.05	台	5	27500.00	10	1375.00	
	喷漆机(空压)	2021.05	台	5	27250.00	10	1362.50	
	钻床	2021.05	台	1	71700.00	10	3585.00	
	气动铆钉枪	2021.05	台	12	36000.00	10	1800.00	
	房屋及建筑物	2020.12	m²	1000	3000000.00	20	150000.00	
行政部	电脑	2022.05	台	6	27000.00	3	1350.00	
	打印机	2022.05	台	1	3100.00	3	155.00	
	空调	2022.05	台	4	9880.00	3	494.00	
	复印机	2022.05	台	1	3520.00	3	176.00	
	汽车	2022.05	辆	1	35000.00	4	1750.00	
	房屋及建筑物	2020.12	m²	200	600000.00	20	30000.00	
合 计					3849950.00		192497.50	

原始凭证 49

浙江皇冠家具有限公司工资社保计提表

所属期间:2023 年 12 月 单位:元

工号	所属部门		姓名	应发工资	单位部分				合计	代扣款			合计
					医疗保险	养老保险	失业保险	工伤保险		医疗保险	养老保险	失业保险	
1	总经办	总经理	皇甫江	8000	379.27	669.3	22.31	22.31	1093.19	89.24	356.96	22.31	468.51
2	行政部	主任	刘海	6000	379.27	669.3	22.31	22.31	1093.19	89.24	356.96	22.31	468.51
3	财务部	财务经理	戴永明	6000	379.27	669.3	22.31	22.31	1093.19	89.24	356.96	22.31	468.51
4		会计	段振华	5000	379.27	669.3	22.31	22.31	1093.19	89.24	356.96	22.31	468.51
5		出纳	何筱夜	4500	379.27	669.3	22.31	22.31	1093.19	89.24	356.96	22.31	468.51
6	仓库	保管员	曾燕琼	4450	379.27	669.3	22.31	22.31	1093.19	89.24	356.96	22.31	468.51
7	销售部	销售经理	陈笑笑	6000	379.27	669.3	22.31	22.31	1093.19	89.24	356.96	22.31	468.51
8		销售员	吴靓	4900	379.27	669.3	22.31	22.31	1093.19	89.24	356.96	22.31	468.51
9	采购部	采购经理	宁伟	5800	379.27	669.3	22.31	22.31	1093.19	89.24	356.96	22.31	468.51
10		采购员	郝丽丽	4700	379.27	669.3	22.31	22.31	1093.19	89.24	356.96	22.31	468.51
11	生产部	车间主任	汤晓明	5000	379.27	669.3	22.31	22.31	1093.19	89.24	356.96	22.31	468.51
12		生产人员（实木床）	张晶晶	5410	379.27	669.3	22.31	22.31	1093.19	89.24	356.96	22.31	468.51
13			李和平	5410	379.27	669.3	22.31	22.31	1093.19	89.24	356.96	22.31	468.51
14			冯志满	5410	379.27	669.3	22.31	22.31	1093.19	89.24	356.96	22.31	468.51
15			张晓斌	4800	379.27	669.3	22.31	22.31	1093.19	89.24	356.96	22.31	468.51
16			邓坤	4800	379.27	669.3	22.31	22.31	1093.19	89.24	356.96	22.31	468.51
17			林化	4800	379.27	669.3	22.31	22.31	1093.19	89.24	356.96	22.31	468.51
18			朱海燕	4800	379.27	669.3	22.31	22.31	1093.19	89.24	356.96	22.31	468.51
19			朱军	4800	379.27	669.3	22.31	22.31	1093.19	89.24	356.96	22.31	468.51
20			林明	4800	379.27	669.3	22.31	22.31	1093.19	89.24	356.96	22.31	468.51
21		生产人员（办公桌）	李小益	5380	379.27	669.3	22.31	22.31	1093.19	89.24	356.96	22.31	468.51
22			李七星	5380	379.27	669.3	22.31	22.31	1093.19	89.24	356.96	22.31	468.51
23			林小龙	5380	379.27	669.3	22.31	22.31	1093.19	89.24	356.96	22.31	468.51
24			范书徐	5380	379.27	669.3	22.31	22.31	1093.19	89.24	356.96	22.31	468.51
25			李月	5380	379.27	669.3	22.31	22.31	1093.19	89.24	356.96	22.31	468.51
26			黄婷婷	5380	379.27	669.3	22.31	22.31	1093.19	89.24	356.96	22.31	468.51
27			李璐芳	5270	379.27	669.3	22.31	22.31	1093.19	89.24	356.96	22.31	468.51
28			陈胜	5350	379.27	669.3	22.31	22.31	1093.19	89.24	356.96	22.31	468.51
29			陈辉华	5350	379.27	669.3	22.31	22.31	1093.19	89.24	356.96	22.31	468.51
30			李丽芳	5320	379.27	669.3	22.31	22.31	1093.19	89.24	356.96	22.31	468.51
合计				158950	11378.10	20079	669.30	669.30	32795.70	2677.20	10708.80	669.30	14055.30

原始凭证 50-1

材料收发库存汇总表

材料名称	单位	期初结存			本期收入			加权平均单价	本期发出(实木床)		本期发出(办公桌)		期末结存	
		数量	单价	金额	数量	单价	金额		数量	金额	数量	金额	数量	金额
木材	立方米													
涂料	桶													
合计														

原始凭证 50-2

发出材料汇总表

2023 年 12 月 31 日

产品名称：实木床   金额单位：元

材料名称	计量单位	数量	单价	金额
木材	立方米	1500		
涂料	桶	1100		
五金配件	套	300		
胶粘剂	支	200		
合计				

会计主管：戴永明   复核：段振华   制单：段振华

原始凭证 50-3

发出材料汇总表

2023 年 12 月 31 日

产品名称：办公桌　　　　　　　　　　　　　　　　　　　　　　　　　金额单位：元

材料名称	计量单位	数量	单价	金额
木材	立方米	1800		
涂料	桶	1200		
五金配件	套	100		
胶粘剂	支	200		
合　计				

会计主管：戴永明　　　　　　　复核：段振华　　　　　　　制单：段振华

原始凭证 50-4

材料收发计算表

金额单位：元

材料名称	单位	期初结存		本期购入		加权平均单价	本期发出（书柜）	
		数量	金额	数量	金额		数量	金额
木材	立方米							
涂料	桶							
合计								

原始凭证 50-5

出 库 单

出货单位：浙江皇冠家具有限责任公司　　　日期：2023年12月08日　　　单号：135543

提货单位（部门）：宜家家居有限公司　　销售单号：　　发货仓库：总仓　　出库日期：2023年12月08日

编码	名称	规格	单位	数量		单价	金额
				应发	实发		
01	木材		立方米	1800	1800		
02	涂料		桶	1200	1200		
合计	人民币（大写）：零元整						

部门经理：曾燕琼　　　会计：段振华　　　仓库：　　　经办人：

会计联

原始凭证 51

产 成 品 入 库 单

交库单位：　　　　2023 年 12 月 13 日　　　仓库：　　编号：102

产品编号	产品名称	规格	计量单位	数量		单位成本（元）	总成本（元）	备注
				送检	实收			
	书柜		张	200	200			

仓库主管：曾燕琼　　　保管员：　　　记账：段振华　　　制单：

原始凭证 52

制造费用分配表

车间：　　　　　　　　　　2023 年 12 月 31 日　　　　　　　　金额单位：元

产品名称	分配标准（生产工时）	分配总额	分配率	分配金额
实木床	3000			
办公桌	6000			
合计	9000			

制表：　段振华　　　　　　　　　　　审核：　　戴永明

原始凭证 53-1

产成品入库单

交库单位：　　　　　　　　2023 年 12 月 31 日　　　　　仓库：
　　　　　　　　　　　　　　　　　　　　　　　　　　　编号：858

产品编号	产品名称	规格	计量单位	数量		单位成本（元）	总成本（元）	备注
				送检	实收			
01	实木床		张	200	200			
02	办公桌		张	240	240			

仓库主管：　曾燕琼　　　　保管员：　　　　　记账：　段振华　　　　制单：

原始凭证 53-2

产品成本计算表

产品名称：　　　　　　　　　　　　　　　　　2023年12月31日

成本项目	计算公式	直接材料	直接人工	制造费用	合计
月初在产品成本	(1)				
本月生产费用	(2)				
成本合计	(3)=(1)+(2)				
完工产品数量	(4)				
月末在产品数量	(5)				
月末在产品完工程度	(6)				
月末在产品约当产量	(7)=(5)*(6)				
产量合计	(8)=(4)+(7)				
单位成本	(9)=(3)/(8)				
完工产品成本	(10)=(4)*(9)				
月末在产品成本	（11）=(3)-(10)				

原始凭证 53-3

产品成本计算表

产品名称：　　　　　　　　　　　　　　　　　2023年12月31日

成本项目	计算公式	直接材料	直接人工	制造费用	合计
月初在产品成本	(1)				
本月生产费用	(2)				
成本合计	(3)=(1)+(2)				
完工产品数量	(4)				
月末在产品数量	(5)				
月末在产品完工程度	(6)				
月末在产品约当产量	(7)=(5)*(6)				
产量合计	(8)=(4)+(7)				
单位成本	(9)=(3)/(8)				
完工产品成本	(10)=(4)*(9)				
月末在产品成本	（11）=(3)-(10)				

原始凭证 54-1

销售产品成本计算表

金额单位：元
数量单位：

2023年 12 月 31 日

产品名称	期初库存		本期入库		加权平均单价	本期出库		期末结存	
	数量	金额	数量	金额		数量	金额	数量	金额
实木床									
办公桌									
书柜									

原始凭证 54-2

产品出库汇总表

2023 年 12 月 31 日

附单据   张

产品名称	规格型号	计量单位	出库数量	备注
实木床		张	750	
办公桌		张	550	
五金配件		套	100	
胶粘剂		支	100	
合 计				

审核：   制单：

原始凭证 55-1

存货盘点报告表

2023 年 12 月 31 日

企业名称：浙江皇冠家具有限责任公司

编号	财产名称	单位	单价	数量		盘盈		盘亏		盈亏原因
				账存	实存	数量	金额	数量	金额	
01	木材	立方米		150	88.5			61.5	0	保管不善
02	涂料	桶		500	500					
03	实木床	张		590	590					
04	办公桌	张		310	310					
财务部门建议处理意见：	保管员管理不善									
单位主管部门批复处理意见：										

审核人：戴永明　　　　　　监盘人：段振华　　　　　　盘点人：曾燕琼

原始凭证 55-2

进项税额转出表

转出日期	转出金额（元）	转出原因
2023年12月31日	1587.41	管理员管理不善

原始凭证 56

存货盘点报告表

2023 年 12 月 31 日

企业名称：浙江皇冠家具有限责任公司

编号	财产名称	单位	单价	数量		盘盈		盘亏		盈亏原因
				账存	实存	数量	金额	数量	金额	
01	木材	立方米		150	88.5			61.5	12,210.8	保管不善
02	涂料	桶		500	500					
03	实木床	张		590	590					
04	办公桌	张		310	310					

财务部门建议 处理意见：	保管员管理不善
单位主管部门批复 处理意见：	保管员曾燕赔偿2300元，其余做营业外支出

审核人：戴永明　　　　　　监盘人：段振华　　　　　　盘点人：曾燕琼

原始凭证 57

增值税计算表

2023/12/31

单位：元

项目	销项税额	进项税额	减免税额	进项税额转出	应交未交增值税
应交增值税					

原始凭证 58

附加税计提表

2023/12/31　　　　　　　　　金额单位：元

项目	计税金额	税率	本月应交税费
城市维护建设税		7%	
教育费附加		3%	
地方教育费附加		2%	
合计			

原始凭证 59

所得税计算表

2023/12/31　　　　　　　　　金额单位：元

本年累计利润	所得税税率	应交所得税	已交所得税	实际应补所得税

原始凭证 60

盈余公积计算表

2023年12月31日　　　　　　　金额单位：元

项目	税后净利润	提取比例	提取额

原始凭证 61

应付现金股利计算表

2023年12月　　　　　　　　金额单位：元

股东成员	税后净利润	提取比例	提取额
皇甫江			
王峰			
刘斌			
合计			